唐朝功臣的自我修养

凌烟阁那些大人物

大唐遗少 著

SPM 南方出版传媒 广东人民出版社
·广州·

图书在版编目（CIP）数据

唐朝功臣的自我修养：凌烟阁那些大人物 / 大唐遗少著. —广州：广东人民出版社，2019.8

ISBN 978-7-218-13372-0

Ⅰ. ①唐… Ⅱ. ①大… Ⅲ. ①中国历史－唐代－通俗读物 Ⅳ. ①K242.09

中国版本图书馆CIP数据核字（2019）第025196号

TANGCHAO GONGCHEN DE ZIWO XIUYANG：LINGYANGE NAXIE DA RENWU

唐朝功臣的自我修养：凌烟阁那些大人物

大唐遗少 著

出 版 人：肖风华

责任编辑：郑 薇 赵瑞艳 李丹红
责任技编：周 杰

出版发行：广东人民出版社
地 址：广州市海珠区新港西路204号2号楼（邮政编码：510300）
电 话：（020）85716809（总编室）
传 真：（020）85716872
网 址：http://www. gdpph. com
印 刷：广东鹏腾宇文化创新有限公司
开 本：889毫米×1194毫米 1/32
印 张：7.5 字 数：145千
版 次：2019年8月第1版 2019年8月第1次印刷
定 价：45.00元

如发现印装质量问题，影响阅读，请与出版社（020-85716849）联系调换。
售书热线：（020）85716826

前言

曾经有一个梦，一个纯纯的梦。

梦见有一天，我穿着五彩霞衣，踏着七彩云朵，说着自己也无法听懂的古汉语，回到唐朝。

为此我做足了功课，连续三年，每天两袋纯牛奶下肚之后，开始苦学文言文——要想回到古代，并与古人展开深度交流，首先要克服的，便是语言障碍。

为什么要喝纯牛奶？因为一位哲人说过："使出吃奶的劲儿以后，什么困难都能克服，什么理想都可实现。"

我听了哲人的话，吃了奶，并使出了吃奶的劲儿，你别说，还真灵！

居然能憋出一段古汉语来！

树者，自根而始。彼入土，则自然之髓附焉。初，迎朝霞，吞雨露，度四时，合万象，追日逐月，填沟补壑，汲山岳之精，饮川泽之华。根深而叶茂，骨韧而肉实。悄然直立于荒野之地，虽风刀霜剑而不能伤之；纳强藏坚于躯干之内，虽虎豹豺狼而不能害之。朝朝乎依山傍水，暮暮哉戏风游龙，倾其群冠卓越，尽其美奂绝伦。

卓绝之日岂能长久乎？

登峰造极之日，衰败浮现之时。假之以时，则枝叶萧条，骨肉松懈。外莫强而中自干，加之风刀霜剑摧之日甚，虎豹豺狼攻之益强。飞禽弃之，走兽嫌之，悲乎于倦鸟归林之声，泣乎于落花飘零之影，精渐走，华逐逝，精华之不存，安能久活哉？至终日，如魑魅摧枯，魍魉拉朽，皆化于两股清风！

彼之命独树乎？万物始终，其道一也。

人者，自婴孩始。微启目，则繁华世界入焉。少，阅五经，品四书，知天文，识地理。既而追名逐利，寻福索贵，博古今之风，采中外之雅。力富而气足，身强而体壮。昂首阔步于坎坷之路，虽千难万险而不能阻之；含志揽向于胸腹之中，虽百转千回而不能惑之。稍纵以指点江山，动辄以激扬文字，彰其风华正茂，显其风流年少。

风茂之日岂能长久乎！

曲高和寡之日，没落凸显之时。假以时日，则面憔容悴，躯弯背弓。体莫强而气尤短，加之千难万险阻之愈裂，百转千回惑之愈繁。亲眷离之，友朋远之。哀乎于日薄西山之时，痛乎于油尽灯枯之日。蚕丝尽，蜡成灰，天道之临近，安能不老乎！待有时，似日照残雪，风扫余烟，均归于一抔黄土。

如果觉得晦涩难懂，您可以略过，直接看下面的一行字：

凡是有生命的东西，终将失去生命。

是不是太悲观了？

一点都不悲观。

曾经，唐太宗李世民沉醉于贞观盛世带来的无上荣耀，甚至一度认为，大唐帝国一定会青春永驻。

可惜他错了，这个朝代仅仅存在了289年，便在历史的长河中雨打风吹去，留给世人的，仅仅是昨日的芳华和无限的忧伤。

我很想穿越到唐朝去，将后来发生的事原原本本地告诉太宗皇帝，让他早做打算。

同时我也想对他说：千万别相信来自印度的那位和尚的鬼话，人不可能长生不老；那些所谓的仙丹，其实就是云母矿石粉与少量极不友好的重金属！云母粉含有49％的二氧化硅、30％的三氧化二铝，耐高温、耐酸碱、耐腐蚀、附着力强，混合着重金属吞食后，非但不能延缓生命，还会提前结束生命。

可惜我穿越不过去，不过去，过去，去……

我突然觉得天旋地转，刹那间仿佛处于巨大漩涡之中。狂风肆虐，并有乐声响起，此起彼伏，连绵不断，同时伴着那瞬息万变的周边场景，我又看到了满天星斗，格外闪亮。似乎过了很久，当所有的一切都逐渐沉寂下来时，我睁开了眼睛。

我看到了一座小阁楼，一座位于三清殿旁的、不起眼的小阁楼，以及阁楼中的一个高大身影。

我勇敢地走进去，和那人握了握手。其实我应该对着他磕头，但我不习惯那么做。

我们坐下聊了很多。确切地讲，他跟我说了许多以前我不知道的东西，而我只跟他说了他永远无法知道的三件事：长孙无忌后来死得很惨；尉迟恭也吃了“长生不老药”，但没啥用；武媚最终做了皇帝。

我原本以为他听完后会有剧烈的情绪波动，没想到他只是笑了笑便站起身，拉起我的手，向阁楼深处走去。

至此，我也终于有机会目睹凌烟阁二十四功臣的画像。我不得不叹服，阎立本画得真好！

机会难得，我拿出随身携带的纸与笔，准备抄录一些东西，不想被那人一把夺过，此时一阵刺耳的铃声响起。

我最终确认，我又做了一场白日梦，但无法确认的是，梦中的人，是不是李世民？

接下来的时间里，我将开上车，送我的孩子上课外辅导班，因为是周末。

梦醒了，梦中看到的几个人物画像逐渐模糊起来，我将记忆碎片重新整合如下：

长孙无忌，字辅机，洛阳人，长孙皇后的兄长，太宗皇帝的大舅哥，历任渭北行军典签、吏部尚书、尚书右仆射、司空，封赵国公，唐凌烟阁二十四功臣排名第一。长孙无忌是一位对李世民忠心耿耿的人。

李孝恭，李世民的堂兄，历任山南道招慰大使、荆湘道行军总管、行军元帅、扬州大都督、礼部尚书，封河间郡王，凌烟阁二十四功臣排名第二。李孝恭是王爷中的佼佼者，也是在权力夹缝中求生存的人。

杜如晦，字克明，京兆杜陵人，历任秦王府兵曹参军、文学馆馆长、兵部尚书、侍中、吏部尚书、尚书右仆射，封蔡国公（后转封莱国公），凌烟阁二十四功臣排名第三。英年早逝的杜如晦，是李世民心中永远的痛。

魏徵，字玄成，钜鹿郡人，历任（隐）太子洗马、詹事主簿、尚书左丞、秘书监、侍中、太子太师，封郑国公，凌烟阁二十四功臣排名第四。作为初唐政治家、思想家、文学家和史学家的魏徵，在李世民面前绝对会有一说一。

房玄龄，名乔，字玄龄，齐州临淄人，历任渭北道行军记室参军、太子右庶子、中书令、太子詹事、礼部尚书、尚书左仆射、太子太傅，封魏国公，凌烟阁二十四功臣排名第五。房玄龄是一位追求完美的人，他与杜如晦是李世民的左膀右臂，世称“房谋杜断”。

尉迟恭，字敬德，朔州善阳人，打铁出身，脸比较黑，历任秦王府右一府统军、秦王府左二副护军、太子左卫率、右武侯大将军、泾州道行军总管、襄州都督、同州刺史，封鄂国公，凌烟阁二十四功臣排名第七。喜欢直来直去的尉迟恭，生命之路却是相当曲折。

李靖，字药师，初唐最杰出的军事家，雍州三原人，隋朝名将韩擒虎的外甥，历任行军总管、行军长史、上柱国、永康县公、荆州刺史、岭南道抚慰大使、桂州总管、副元帅、东南道行台兵部尚书、扬州大都督府长史、安州大都督、灵州道行军总管、刑部尚书、中书令、兵部尚书、代州道行军总管、代国公、定襄道行军总管、尚书右仆射、畿内道大使、特进、西海道行军大总管，封卫国公，凌烟阁二十四功臣排名第八。七十九载坎坷路，金戈铁马笑苍穹，李靖的一生是辉煌的一生。

李勣，原名徐世勣，字懋功，曹州离狐(今山东菏泽东明县东南)人，历任黎阳总管、右武侯大将军、左监门大将军、河南大总管、行军总管、并州都督、光禄大夫、并州大都督府长史、太子左卫率，封英国公。凌烟阁二十四功臣排名第二十三。李勣用自己的实际行动，诠释了“义”的所有。

为什么只写了三分之一?

我想这对于所有人来说，都是一个谜。

但我保证，在接下来的八个月内，我将用心写，用情写，用吃奶的劲来写。因为我的爱人早已将三箱纯牛奶，悄悄立到了书桌之旁。

凡是有生命的东西，终将失去生命，可那又怎样?

有的人死了，但他还活着……

目录

第一章

长孙无忌：贴心的大管家

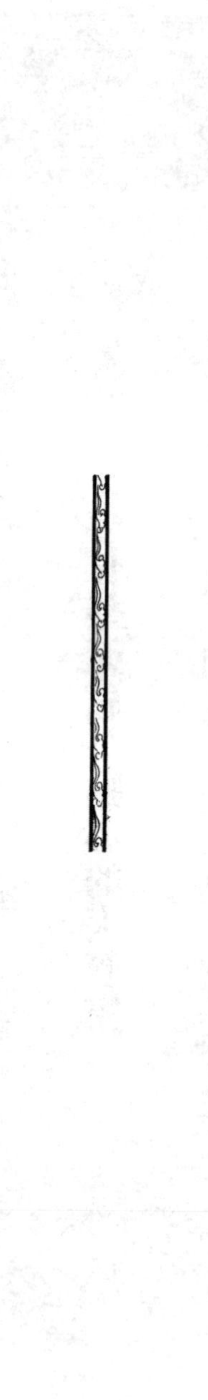

认识一个人，往往从他的名字开始，无忌——无所顾忌、肆无忌惮、百无禁忌。

信陵君魏无忌，肆意“破坏”大秦帝国制定的种种游戏规则，带领魏赵两国军队，对秦昭王频频亮剑，又随意“践踏”魏安釐王制定的一整套权力游戏策略，欺上媚下，使得魏安釐王颜面无存——无所顾忌。

广武将军何无忌，视官之道为粪土，尊卑不辨，我行我素，横扫士族阶级一片，又逆人之道而行之，小肚鸡肠，睚眦必报，终致好人殷仲文命丧黄泉——肆无忌惮。

明教教主张无忌，为小情呼啸武林，同名门正派登昆仑论剑；为私爱笑傲江湖，携异邦郡主隐世外桃源——百无禁忌。

魏无忌、何无忌、张无忌，一个个名副其实。什么潜规则、明规则，在“无忌”们眼中，就如一块块破抹布。

牛气冲天的家谱

可凡事总有例外，凡人必有不同。今天我就“破个例”，找点儿不同。

长孙无忌，鲜卑族与汉族的混血儿，李世民的大舅哥，初唐时期优秀的政治家，凌烟阁二十四功臣排名第一。

翻开长孙无忌的八辈家谱，牛气冲九天：先祖拓跋氏，北魏第一功臣；七世祖长孙道生，北魏司空；六世祖长孙旃，北魏特进；五世祖长孙观，北魏司徒；高祖长孙稚，西魏太保；曾祖父长孙子裕，西魏卫尉卿；祖父长孙兕，开府仪同三司；父亲长孙晟，隋朝右骁卫将军。

都说富贵不过三代，可长孙家族“一不小心”，富贵了几多轮回。

在祖先荣耀之下，长孙无忌似乎有足够的资本去追求“无忌”，可实际情况是，长孙无忌距离自己的名字差了十万八千里，为什么会这样?

因为家教决定一切。

司空、司徒、特进、太保、开府仪同三司，都是一品、二品大员。整天在权力的漩涡中游荡，长孙无忌的祖宗们却从来没有“一不小心”黄袍加身。可当年一品大员宇文泰曾“一不小心”宰了孝武帝，把北魏变成了西魏，而宇文泰的儿子也是“一不小心”，把西魏变成了北周。同样作为一品大员的大司马杨坚，也曾“一不小心”踹倒了周静帝，把北周变成了大隋。

整个长孙家族对这些“烂事儿”视而不见，他们小心翼翼地在河边行走，始终保持自己的靴子不湿。祖先的血液造就了长孙无忌，“为了‘礼’正，为了‘理’顺，也为了‘李’荣，我愿意全心维护，直至失去生命”——鲜卑族人长孙无忌如是说。

毫无疑问，长孙无忌的童年是快乐的。对于父亲长孙晟来说，老来又得一子，自然欢乐无比，而偏偏小无忌又极其聪明伶俐，获得的宠爱，比他几位同父异母的哥哥要多得多。

嫉妒，是一簇疯长的草，你不设法将它封住，它迟早会发疯。

公元609年，也就是长孙无忌十五岁那年，五十八岁的长孙晟去世，留下了一份意料中的特殊遗产：家庭斗争。

没有利益，就没有纷争。人常说“六月天，后娘的脸，说变就变”，可作为长孙晟第二任妻子、出自渤海名门望族的高氏（长孙无忌母亲），却不知道怎样变脸给长孙安业（长孙晟前妻所生）看。她很清楚，基于自己善良柔弱的特性与由来已久的家庭矛盾，在靠山丈夫去世之后，要想在这个家立足，已是万万不能。

果不其然，长孙晟尸骨未寒，长孙安业就强硬宣布：家里地方窄，必须有人搬出去住；大哥长孙恒布与二哥长孙恒安要赚钱养家，不能出去；长孙安世年龄小，又是自己亲弟弟，需要人照顾，也出不去；剩下的，看着办！

剩下的，只有长孙无忌和他的寡母孤妹。于是在无人送别的情况下，长孙无忌一手搀着痛苦万分的母亲，一手拉着不谙世事的妹妹，离开了家。

长孙安业可能没想到，被他赶出去的这对兄妹，十几年后，一个成了李世民的皇后，一个成了太宗皇帝的宰相。更让长孙安业没想到的是，长孙皇后竟向李世民建言，给曾经伤害过自己且不务正业的长孙安业一次重新做人的机会。李世民感动于妻子的宽容，非但饶恕了长孙安业，还给他一个右监门将军的头衔。

书接前文，隋朝治礼郎高士廉（长孙无忌的舅舅）听说妹妹家的变故以后焦急万分，立刻派人过去，将彷徨中的高氏一家接到自家居住。兄妹相见，谈及世事沧桑、人情冷暖，又有流不完的泪。自此以后，长孙无忌便在暖心的舅舅家里安顿下来。

长孙无忌很快与一位常来家里做客的少年结识。看着两位少年一见如故的样子，舅舅高士廉很是欣慰，他告诉无忌，这位容貌不凡的少年是唐国公李渊的二儿子，姓李名世民，乃人中龙凤，将来必成大器。

高士廉有心促成一门婚事。在征得李世民本人同意之后，他又跟妹妹高氏商量，想将外甥女长孙氏嫁给李世民。

飘零中的长孙一家当然同意，于是在高士廉有意无意的锻造中，影响中国乃至世界的铁三角已现雏形。

相逢短暂，转眼是离别。两年之后，李世民动身远行，他要随父亲奔赴太原，抗击北方游牧民族侵略。纯真的友谊，似乎要被一条大河阻断，长孙无忌与李世民依依惜别。李世民告诉长孙无忌，希望有朝一日，他们还会相见。

转眼几年过去，直到有一天，长孙无忌从街头巷尾得知，昔日的挚友李世民，已经变成一位盖世英雄！他还听说，李世民带领义师，由太原出发，一路攻西河、取霍邑、克临汾、下绛郡、占龙门、避河东、越过黄河，已进驻长春宫！

关于梦想的竞争

长孙无忌兴奋异常，他满怀初心，一刻也不愿耽搁，背起行囊，直奔长春宫。

两天之后，长孙无忌喘着粗气，站在了长春宫门口。

6世纪的长春宫（有别于北京长春宫），在今陕西省大荔县朝邑镇北寨子村附近，距离长安（西安）一百多公里路程。

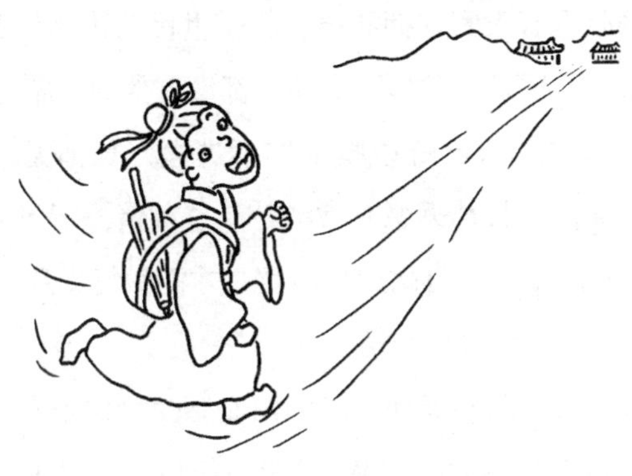

李渊看到亲家来人，丝毫不敢怠慢，依据就近原则，让长孙无忌做了渭北道行军典签，也就是李世民的行政秘书。

这是李世民与长孙无忌真正合作的开始。

随后几年内，长孙无忌大开眼界，作为见证者与亲历者，他与发小拿着“扫帚”，将刘武周、窦建德、王世充、薛举（薛仁杲）、刘黑闼等当世豪雄一个个清扫出局。

长孙无忌在高兴之余也惊奇地发现，起初是他与李世民两个人清扫，渐渐地，越来越多的人汇集过来，加入清扫者的行列。

而且，显然是为了便于管理，李世民按照个人特长，将这些“清洁工”们分成两个特别纵队。第一纵队被冠以“文治”称号，成员有杜如晦、房玄龄、于志宁、姚思廉、褚亮、孔颖达、虞世南、许敬宗；第二纵队被冠以“武功”称号，纵队成员有刘弘基、尉迟敬德、李靖、李勣、程咬金、秦琼、屈突通、侯君集。

长孙无忌自认文武兼备，他怀揣梦想投奔妹夫兼知己李世民，就是希望通过个人努力，建立若干功业，可是他猛然发现，怀揣同一梦想的人越来越多。

这是好事，对李世民来说；这是坏事，对长孙无忌来说。

长孙无忌眼看着大家你拥我挤，将李世民两边的位置全部占满。无论是“文治”，还是“武功”，几乎都没有他的一席之地。

两大政治班底，自己哪条腿都伸不进去，长孙无忌多少有点失落。但失落归失落，长孙无忌非常清楚，这种情况下只能韬光养晦、默默坚守。成长路上，只有耐得住寂寞，才能最终无敌。

尽管无敌，但有时会更寂寞。

李世民没工夫去洞察长孙无忌的内心感受，他正心无旁骛地统领着自己一手打造的超级无敌战队，“星旂纷电举，日羽肃天行。遍野屯万骑，临原驻五营”。

战功一次比一次卓越，心理上一次比一次优越，李世民在战争间隙，会作些小诗，放纵下豪迈的情感。

几年以后，随着国家统一步伐的加快和强大敌人的渐渐消失，荣耀光环笼罩下的天策上将李世民感受到了强大的压力，这不是一种军事压力，而是一种政治压力，不是来自外部，而是来自内部。

这种压力，也自然而然地传递到了长孙无忌那里。

其实压力早在几年前就已产生。当年李世民攻占隋朝政治经济副中心洛阳，获得金银财宝无数，宝地良田万顷。为了确保这些财富的合理利用，李世民颁下教令，所有财物一律查封，不经过他的同意，任何人不得动用，哪怕是一丢丢。

李世民对时事清醒，李渊却被爱情迷惑——皇帝的两个宠妃张婕妤与尹德妃财迷心窍，身体虽在长安，心却早已飞到了洛阳的金银财宝上。她们不断在李渊面前撒娇吹香气，李渊心头一热，给洛阳的儿子下了圣旨，让“照顾照顾”。

结果李世民没“照顾”。

李渊、张婕妤、尹德妃很生气，整个后宫都很生气。李渊感到圣旨竟然比不过教令，这孩子太嚣张；张婕妤、尹德妃认为自己好歹也是长辈，竟一点面子也不给，这孩子不值得原谅；整个后宫认为，李世民这样做，简直太猖狂。

看着后宫佳丽一个个义愤填膺的模样，东宫的李建成与武德殿的李元吉终于笑了。自从入住长安以来，两人就被强大政治对手李世民压制到无法呼吸，现在看到后宫被激怒，彻底站到了李世民的对立面，他们怎能不高兴？

后宫的权力游戏

活在李世民阴影中的李建成、李元吉终于决定：联合后宫，搞垮李世民！

后宫都是些胭脂粉黛，能有多少“能量柱”？

皇帝的爱在哪儿，哪儿的能量就越足。

李建成的目的很明确，联合后宫，联合四弟，争取父亲，搞垮秦王，最终将原本属于自己的东西拿到手。

李元吉的目的也很明确，联合后宫，联合大哥，争取父亲，搞垮秦王，最终将原本属于大哥的东西抢到手。

无形的压力向李世民袭来，他感到，在经历了繁花似锦的夏与硕果累累的秋之后，寒冷的冬天已经到来。他感到痛苦。这种痛苦的感觉，在他后来赠给长孙无忌的《威凤赋》中表漏无疑：“有一威凤……同林之侣俱嫉……无恒山之义情，有炎州之凶度……鸱鸮啸乎侧叶，燕雀喧乎下枝……期毕命于一死，本无情于再飞。”

李世民将李建成比作鸱鸮，将李元吉比作燕雀，将自己比作凤凰。立下巨大功劳的凤凰，却被鸱鸮、燕雀处处刁难、陷害，已经万念俱灰，连死的心都有。

当李世民的冬天来临时，长孙无忌的春天已在不远处。

在这场权力的游戏中，李勣、李靖等几员武将均选择中立；尉迟敬德险些被太子党收买；杜如晦、房玄龄等效忠李世民的，又被一个个清除出京城，说是到外地任职，实际上就是流放。

李世民与父亲的关系不冷不热，与兄弟的关系势如水火，与下属的关系若即若离，一切的一切使他心灰意冷，“期毕命于一死，本无情于再飞”。

都说打仗亲兄弟，上阵父子兵，现在亲兄弟站在对面虎视眈眈，父亲骑在墙头随风摇摆，李世民感到无比孤单。

长孙无忌静悄悄地来到李世民身旁——亲兄弟将你的心伤到冰点，干兄弟再把它暖和过来！

明面上长孙无忌一连数天不离李世民左右，废寝忘食地与李世民推心置腹、分析时局、详谈军情、谋划大业，心似比干，忠心可鉴，背地里长孙无忌也没闲着。他暗暗将秦王府八百死士武装起来，同时通知舅舅高士廉，在必要的时候，打开监狱放生犯人，发给他们刀剑，一起对抗东宫的两千太子军。他又嘱咐妹妹长孙王妃，要千方百计与后宫修复关系，稳住后宫，就能稳住李渊。

做完这些之后，长孙无忌拉上尉迟敬德，一同进入秦府，一同向李世民表忠心：现在箭在弦上，蓄势待发，如果秦王仍顾念亲情，下不了手，我们只能远走他乡。

尉迟敬德更是壮怀激烈，情愿为秦王肝脑涂地。

“疾风知劲草，板荡识诚臣”，关键时刻，有几个支持自己的挚友是多么重要。

不过毕竟是骨肉亲情，李世民始终下不了决心。长孙无忌与尉迟恭万般无奈，下了最后“通牒”：你要是还犹犹豫豫，我们只能远走高飞，因为留在这里，就是在慢慢等死！我们愿意和你一起战死，却不愿和你一起等死！

在死亡面前，没有人不害怕。李世民终于同意，不过他告诉长孙无忌，目前来看，时机还不成熟，因为缺少两个人。

长孙无忌立刻明白，他向李世民请命，愿意冒死（长安城内外已遍布太子党羽）去请房玄龄与杜如晦过来。

长孙无忌晓宿夜行，隐形遁迹，终于找到房玄龄与杜如晦，请他们火速赶往京城，迎接未来的血雨腥风。

既然是血雨腥风，为什么要去？房玄龄与杜如晦仿佛事先商量过一般，直接拒绝了长孙无忌。

长孙无忌苦劝无效，愤然回京。李世民一听便火了：想当年看到我这棵大树好乘凉，便纷纷过来攀附，现在大树将倾，个个成了猢狲！他直接解下佩剑交给尉迟敬德，让敬德与无忌再去一次，如果房、杜二人还不来，就直接把头带过来！

长孙无忌的第二次劝说几乎没费吹灰之力。待房玄龄、杜如晦收拾好行囊之后，为了安全起见，长孙无忌让尉迟敬德先走一步，自己则把房玄龄与杜如晦装扮成道士模样，一路遁迹隐形，来到了秦王府。

“房谋杜断”一到，战争机器立刻开始运转，几天以后，“玄武门之变”爆发。

至于结果，大家已经知道。

得意与失意

“幸赖君子，以依以恃……是以徘徊恩德，故幕怀贤。凭明哲而祸散，托英才而福全。答惠之情弥结，报功之志方宣……”

君子、贤、明哲、英才，李世民夸人的词汇很多。赖、依、恃、凭、托这些词，用在长孙无忌身上再合适不过。李世民认为，长孙无忌是他的救命稻草。

既然做了皇帝，该如何报答无忌这位英才，如何酬谢辅机（长孙无忌字）这棵稻草呢？

当然是先升他的官——太子左庶子（正五品）、左武侯大将军（从二品）、吏部尚书（从一品，六部尚书之首）、尚书右仆射（宰相，正一品），脚踏实地，一年一步，一步四个脚印。

再发他的财——进封齐国公，赐封一千三百户。

“实”有了，“名”也得有，李世民当着众人的面宣布，论功劳，长孙无忌排第一，你们要有不同意见，可以保留。

还真有持不同意见而不愿保留的，有人私底下给李世民打小报告，说长孙无忌“权宠过剩”。李世民听后二话没说，直接把小报告拿给长孙无忌看。

李世民告诉长孙无忌，这是某某打的小报告，你抽空看看。我们之间，不需要有任何秘密。

紧接着，李世民召开内阁扩大会议，当众发声：最近有点心烦，因为有人离间我与无忌的关系，奉劝某些人，在挑拨离间别人的时候，先拿镜子照照自己，看够不够资格！不要再徒劳了，没用（疏间亲，新间旧，谓之不顺，朕所不取也）。

李世民说的这些话，有一点点小瑕疵。长孙无忌是李世民的大舅哥，这个满朝文武都知道，没必要在这种场合下着重强调（疏间亲），他这么说，很容易让人产生联想：当年玄武门之变前夕，也有很多“外人”劝他尽早动手，铲除自己的兄弟，这算不算“疏间亲”？算不算“谓之不顺”？

不管顺不顺，他还不是一样走过来了？

关键是，他这么说，有种陷长孙无忌于不义的感觉，后来长孙无忌反复请辞，多少跟这也有关系。

史书上没有记载这位打小报告的人的名字，但从李世民的话语中透露出的信息，可以对此人进行大体定位：第一，不是内戚或者外戚（疏）；第二，参加工作的时间较短（新）。

至于他究竟是谁，你可以去猜。

正是因为这次会议，长孙无忌开始顾虑重重，他“深以盈满为诫”，要辞去尚书右仆射的职务。

仍处于情绪中的李世民将手一摆：封你做宰相，是因为你有功，又跟我走得近，别太在意别人，谁爱说就让他说去！

但长孙无忌决心已定，见“直达”无效，便又曲线行进，找到妹妹长孙皇后，让她在皇帝面前求辞。

皇后的话，无论如何得听。李世民无奈，只得下诏，解除长孙无忌尚书右仆射的职务，另拜开府仪同三司。

什么是开府仪同三司？就是拿着宰相的钱，端着宰相的架子，却不用干宰相的活儿——对于集亲情、友情、恩情于一身的长孙无忌，李世民始终觉得亏欠了点东西，他想尽量补偿。

几年以后，李世民又打算册封长孙无忌为司空，一家人又是请辞推让，万千不受。这次老爷子高士廉亲自出马，提醒李世民：我们这些人全都是外戚，您对外戚恩宠过剩，传出去不好听。

高老爷子显然读过很多书。

善于改造旧世界的李世民一听就火了：外什么戚？都是些繁文缛节！我授人官职，向来都是量才适用，跟外戚、内戚没有关系。不信看看我的叔叔襄邑王李神符，虽然是至亲，但由于工作能力问题，也一直没有得到重用。我要是偏爱无忌，何必让他做劳心受累的官？直接大把金钱塞过去，不更好吗？无忌“聪明鉴悟，雅有武略”，应该委以重任，我的地盘我做主，这次你们说什么都不好使！

见皇帝生了气，长孙无忌只能应承下来。

聪明、鉴悟、雅、武略——这是李世民对发小长孙无忌的整体评价。

聪明、鉴悟、雅，祖宗遗传外加个人后天努力，这个谁都能看出来。至于武略，客观来讲，我还真没看出来。

不但我没看出来，房玄龄、杜如晦、李靖、李勣，可能都没看出来。

几年过去，等情感热度降低后，唐太宗对长孙无忌的评价又进行了适当修正。他说了两句话：善避嫌疑，应对敏速，求之古人，亦当无比；而总兵攻战，非所长也。

这次评价比较中肯，也比较客观——带兵打仗，非无忌之强项。第一句话却充满讥讽嫌疑——辗转腾挪，避来避去，古往今来，唯有长孙！

给你右仆射你不做，给你司空你拒绝，封做诸侯，你带头反对，你说，你究竟想要什么?!

我要的其实是一种感觉。没有房、杜那么能谋断，没有靖、勣那么能打仗，但相对于他们，我更懂你——长孙无忌想说却说不出来。

公元643年，大事频繁出现。在李世民做皇帝的第十七个年头，太子李承乾因谋反被废，宠儿李泰因邪念被贬。李世民瞬间苍老了许多。他时常去刚刚落成的凌烟阁内，对着二十四功臣画像发呆。

苦心经营的继承体系瞬间泡了汤，李世民心乱如麻，感到死一般的无助。当他将目光停留在第一幅画像上时，心中一动：这个人以前帮了我不少忙，现在这种情况下，他是否还会帮我？

他准备测试一下。

一次在两仪殿开完会后，李世民将长孙无忌、房玄龄、李勣、褚遂良等人留下，当着众人的面，自编、自导、自演了一出戏：先是躺在床上大哭，随后拿起宝剑自杀。

长孙无忌吓了一大跳，跑过去将李世民一把抱住，褚遂良也飞速过去夺下宝剑，交给身边的晋王李治。

人生就像一场戏，没有观众，只有舞台。虽然大家知道李世民不可能自杀，但好端端的，为什么要声言自杀呢？在众人的询问之下，李世民只说了半句话——他想让李治接自己的班。

剩下半句话李世民没说，但聪明鉴悟的长孙无忌还是猜了出来，他的气场很足：坚决拥护皇帝决定，如果谁有异议，我长孙无忌就把他杀了！

声音震耳欲聋。震谁的耳？当然不是皇帝和晋王。严格来说，这属于皇族家事，在场的除了皇帝之外，娘舅最有发言权。大权在握的房玄龄与李勣赶紧表示，坚决拥护皇帝的决定。

既然娘舅表了态，李世民示意儿子李治，赶紧过来给舅舅磕头。此时的李治就像一只刚出生的小鸟，在展翅高飞之前，需要有人呵护。长孙无忌声音洪亮、震耳欲聋，就是告诉李治：只要舅舅在，不管是现在还是将来，你都不要害怕！从这一刻起，李治投入了舅舅温暖的怀抱，十年之后，他又投入一个女人的温暖怀抱，尽管这个女人的心，是如此冷若冰霜。

李世民的心绪短暂平静之后，又有了新的疑虑：你们虽都同意了，其他大臣呢？

其他大臣？似乎很难回答。

一点都不难，长孙无忌拍案而起：晋王仁孝，天下属心久矣。伏乞召问百僚，必无异辞。若不蹈舞同音，臣负陛下万死！意思是，百僚绝对不会（是不敢）有异议，假如真有人跟我跳不一样的舞，发不一样的音，那就是我辜负了您，我愿意去死！

长孙无忌的自信来源于哪里？

来源于初唐时期人们对皇权的敬畏。如果放到后唐，十个长孙无忌都不敢说这样的大话。

“扑通”一声，李世民悬着的一颗心瞬间落了地。有如此强大的舅舅，李治，你可以安心做皇帝了。

公元649年，唐太宗抓住长孙无忌的手，反复望着那张熟悉的脸，安详去世。

不过在去世之前，李世民告诉身边的褚遂良：我唯一放心不下的，就是无忌的人身安全，一定要提防歹人诬陷他！

李世民猜到了结果，却猜不出起因。

若干年后，有人在高宗面前诬陷国舅长孙无忌谋反，混沌中的李治在武则天的恩威并施下，将舅舅贬到了远方。褚遂良终究没有担负起保护长孙无忌的责任——早被贬到越南服役的他，已无能为力。

没有联盟的挑战者

李世民的时代已经过去，一个新的时代，已经来临。

一个男人死去，一个女人“复活”。

李世民死后的前几年里，长孙无忌主导着一切，他按照既定程序，将李治扶上了皇位，又依照先帝遗愿，立王氏做了皇后，随后大手一挥，将包括五品才人武媚在内的所有未曾生育的嫔妃们，一并赶到了感业寺。

感业寺是个修身养性的好地方，对于无欲无求的人来说。

显然，武媚不属于这样的人。

武媚的身体虽然出了家，心却留在了李治那里。她已经用一根红线，紧紧牵住了皇帝的心。

看朱成碧思纷纷，憔悴支离为忆君。

不信比来长下泪，开箱验取石榴裙。

武媚的这首《如意娘》，估计李治没少看。他每看一次，估计会哭一次。

相思比梦长，公元651年，也就是李世民死去两年之后，李治便顺应皇后的激烈主张，将已有身孕的武媚接进内宫。

王皇后为什么要激烈主张？难道她傻了？难道她不知道，引狼入室是要付出代价的？

她当然知道，可现在的萧淑妃也是一只狼。因自己未曾生育的缘故，皇帝喜欢已有子嗣的萧淑妃，明显比喜欢她多一点。王皇后的心，已经被萧淑妃咬得伤痕累累。

把皇帝最喜欢的武媚招引过来，就是先让武媚帮自己咬死萧淑妃，然后再用身后的两座靠山，对武媚进行彻底压制，让她永世不得翻身——王皇后想凭借以长孙无忌为首的顾命大臣山，和以庶长子李忠为首的未来太子山，对有可能产生威胁的武媚进行无情打压。从这一点看，王皇后其实一点也不傻。

正常情况下，她身后的两座山应该会屹立不倒。可不幸的是，她所遇到的，是不正常的情况。

虽然李治答应王皇后，将出身低微的刘氏生的儿子李忠立为太子，但那又怎样？对于李治来说，大伯父李建成做过太子，大哥李承乾也做过太子，可他们最终的结局是：一个被杀，一个被贬。

太子不是一个铁饭碗。

而且李治很清楚，自己与亲密爱人武昭仪（武媚入宫以后，由五品才人升为二品昭仪）生的儿子李弘正渐渐长大，如果李忠总是端着太子饭碗不放，爱人会不高兴的。

于是几年以后，太子李忠被废。

随着李治与武昭仪的爱情渐浓，以及武昭仪对皇宫环境的逐渐适应，“废王立武”运动终于提上日程。

公元654年，李治专门去长孙无忌家里做客，并当着舅舅的面，升了三个表兄弟的官，然后又让画师为长孙无忌画像并题字留念——这可以理解为贿赂。

公元655年，李治偷偷问长孙无忌，能否废了王皇后，改立武昭仪为皇后？

长孙无忌知道会有这么一天。他想过愤怒，想过沉默，也想过屈服，不过他最终选择温柔对抗：改立皇后是大事，我一个人说了不算，当年先帝将皇上也托孤给了褚遂良，可以先问下他的意见。

李治对于舅舅的委婉回绝，仍是不死心。他还要最后一搏。几天以后，“金银宝器各一车、绫锦十车”被太监们偷偷送进了国舅府。长孙无忌一看，好东西，全收！至于那件事，还需从长计议！

又过了几天，一个老太太偷偷溜入国舅府，在长孙无忌面前反复“祈请”，希望他能顺水推舟，同意闺女做皇后。长孙无忌听得有些不耐烦，直接以非“五姓七望”（几个名门望族）反诘。

紧接着，作为武昭仪坚定盟友的许敬宗，也去了趟长孙相府。他本想忽悠两句，但还没开口便被长孙无忌骂了个狗血喷头。头昏脑涨的许敬宗走出相府，差点忘了回家的路。

许敬宗该不该骂？若不是许敬宗、刘义符之流站在托孤阵营（由长孙无忌、褚遂良、李勣、于志宁等托孤老臣组成）的对面，为武昭仪呐喊助威，昭仪能那么快成为则天？王皇后、萧淑妃能那么快被人砍去手脚，泡到酒缸中当菜腌？

不过几位托孤重臣也不是铁板一块，当李治将长孙无忌、李勣、于志宁、褚遂良叫过来商量能否立武昭仪为皇后时，李勣请了病假，于志宁全程不吱声，褚遂良反对声音很高，但也因此早早退出了历史舞台。

后来李治专门派人过去问询李勣的意见时，“聪明”的李勣来了一句：这都是家庭内部的事情，别人无权干涉！

李治心里一下有了底。

李勣也正因为这句话，保住了自己的项上人头，却将长孙无忌推到更加孤立无援的境地。

长孙无忌痛骂许敬宗，为公也为私。

阻止“废王立武”，是为公。

为私，则是因为几十年前的一件往事：公元636年，长孙皇后去世，举国哀痛，可许敬宗竟不顾当时凄然气氛，看到相貌丑陋的率更令欧阳询穿上丧服之后的滑稽模样，开始疯狂大笑！

笑什么笑！死的不是你妹妹！

后来，许敬宗竟然将唐太宗赠送给长孙无忌的《威凤赋》，硬说成是赠送给尉迟敬德的！不过长孙无忌这次想骂也骂不上了，因为许敬宗偷偷联合刘义符、袁公瑜诬陷长孙无忌谋反，在黔州一个偏僻的角落里，硬逼着长孙无忌上了吊。

长孙无忌自始至终认为，正常情况下，自己不会死，就像王皇后曾经认为的那样。

他们都高估了自己，都把对手当成了无能的人。

一向聪明鉴悟、善避嫌疑的长孙无忌，却在晚年偏离了祖宗们小心翼翼的为官之道，一味执著地、义无反顾地肩负起先帝的托孤重任，一路硬拼，从一个团队拼成一个人，从一个人拼成一具尸体。

长孙无忌在清楚自己下场的情况下，由皇权的维护者，变成了皇权的挑战者。可惜的是，他是一位没有联盟的挑战者，因为昔日的挑战者联盟早已烟消云散。

他为何如此“执迷不悟”？

只能去问李世民。

▷ 公元594年生于洛阳；

▷ 公元617年，参与李渊太原起兵，授任渭北行军典签；

▷ 公元626年，参与谋划玄武门兵变；

▷ 公元626年～公元649年，历任吏部尚书、尚书右仆射、司空，封赵国公；

▷ 公元643年，立晋王李治为新太子的主要策划者；

▷ 公元649年，李世民驾崩，与褚遂良受命辅政；

▷ 公元655年，与褚遂良一起反对立武昭仪为皇后，以失败告终；

▷ 公元659年，遭到许敬宗等人诬告，被流放到黔州（今四川彭水），最终被迫自缢而死。

八方说辞

长孙无忌（对吴王李恪等）展开杀戮，当然不是为了争权夺利而公报私仇，而是为了稳固李治的皇位而采取的行动。不过单纯为了高宗李治却不体恤其他李氏宗亲，则属于他的私心，这是他的罪过。

王夫之（生于1619年，卒于1692年，我国著名的思想家、哲学家，与当时的黄宗羲、顾炎武并称为明末清初三大思想家）

长孙无忌后来被流放并死于黔南，天下人都觉得他很冤枉，但也有人怀疑这正是他诬杀吴王李恪的报应。

张唐英［生于宋仁宗天圣年间（1023～1077年），卒于宋神宗熙宁年间（1068～1077年），《宋史》作者］

长孙无忌与褚遂良一心一意为国家奉献，把江山社稷的安危当做自己的责任，因此永徽时期的政治有贞观之治的遗风。

宋祁（生于998年，卒于1061年，北宋时期著名的文学家、史学家、词人，曾与欧阳修等人合著《新唐书》）

长孙无忌与褚遂良不能在武则天刚进宫时及时向高宗李治进谏，加以阻拦，而只是想在李治废除王皇后时加以劝阻，本来已经很愚昧了，后来想后悔，还来得及吗？

蔡东藩（生于1877年，卒于1945年，被称为有史以来最大的历史演义作家，陆续写成《中国历代通俗演义》11部）

第二章

李孝恭：王爷的喜与悲

一千四百年前，在北方大地上，生长着一棵李子树。它迎朝霞、吞雨露、汲山岳之精、饮川泽之华，根深叶茂，枝繁果累。

随着日月推移，在这棵结满果子的树上，有两个硕大无比的“奇异果”，尤显得出类拔萃，光彩夺目。

历经一系列风雨，“二果”中的一个修成正“果”，而另一个则在深度的自我封闭中发酸变软，最终枯萎凋落。

李虎——李昞——李渊——李世民；

李虎——李蔚——李安——李孝恭。

李世民与李孝恭是“长”在同一棵李子树上的两个“奇异果”，李虎是他们共同的根。

李孝恭——李渊的侄儿，李世民的堂兄，王爷中的佼佼者，在权力的夹缝中求生存的人，凌烟阁二十四功臣排名第二。

半个机会改变一生

公元618年，隋太上皇杨广在江都（今扬州）死去之后，远在长安的隋恭帝杨侑将皇位“禅让”给了李渊。

李渊一坐上皇位，立刻放眼未来，准备四面出击。他很清楚，太原起兵以来进行的大大小小十几次战争，一再印证了“打仗亲兄弟，上阵父子兵”这一千古名训。但自己坐上了皇位，受身份限制，已无法自由驰骋疆场；大儿子李建成身为太子，不能“轻举妄动”；二儿子李世民倒是很能打，可仅凭他一己之力，似乎还不够；四儿子李元吉是一个给他个玩具就能玩半天的主，只能做配菜，做不了主勺。至于其他儿子，就武功而言，可以忽略不计。

李渊考虑完儿子之后，开始考虑侄子——他始终认为，所谓的国家机器，本质上是家族企业，无论如何，都不能将军事领导权交给家族以外的人。

将侄子们遍览一番之后，李渊很伤心。他做出决定：李世民虽不是三头六臂，可在当前形势下，也只能当三头六臂用。

李渊给李世民下达了军事计划：以长安为中心，西部、北部、东部，都由李世民来负责，争取几年之内，让大唐管辖的国土面积翻上几番。若是人手不足，可以让李道宗与李道玄（均为李渊堂侄）做配菜。

南部呢？

南方的巴蜀之地向来为兵家必争之地，千百年来，得关中只能偏安一隅，得汉中与巴蜀，方可觊觎天下。大唐既然已准备觊觎天下，就不能不先经营巴蜀，可派谁去呢？

只能碰碰运气。

很快，一道圣旨下给了文职干部李孝恭：带上山南（今秦岭以南）招慰大使的帽子，再带上一些兵马，到巴蜀去经营一下，一定要量力而行，不要贪多图快。

其实英雄是时势造出来的，你不给人家时势，怎么出英雄？有时一个机会能改变一个人的一生。李渊在无奈的情况下，最终给了大侄子李孝恭半个机会。

为什么说是半个机会？看看李孝恭头上的那顶官帽，便能知晓其中答案。

让李孝恭做山南招慰大使，而不是山南道行军总管，李渊显然经过了深入思考。

纵观唐朝整个建政过程，完成领土统一的手段不外乎两种：一种是征讨，一种是招抚。如果是征讨，就派行军总管（或元帅）过去直接开打；如果是招抚，就派招慰大使过去直接谈。

在大唐的最高决策者看来，征讨的结果只能有一种——必须成功，但招抚的结果可以多一种——允许失败。万一谈不拢怎么办？接着谈，一遍遍谈，实在谈不下去的时候，再改派武将过去征讨。

征讨意味着强大，招抚意味着先要装得很强大。

打着大唐的旗号，去巴蜀走走，能吓住几个就算几个吧，反正带兵打仗也不是你的强项——李渊没说出来，李孝恭却猜得出来。

不过李孝恭很清楚，想吓住巴蜀人，可能比走蜀道都难。只有另辟蹊径，才能确保成功。温文尔雅的李孝恭一踏上了巴蜀的土地，立刻做了一套完整动作，这套动作竟然让巴蜀人为之疯狂，三十余州不久纷纷归附！什么动作这么厉害，大力金刚掌还是北冥神功？都不是。

李孝恭对着巴蜀山川，来了“温柔一刀”。他没有将叔父的“招慰”精神贯彻到底，而是稍稍做了点变动，修了一字，添两个字：招携以礼。

李孝恭带来的不是“慰”，而是“携”。“慰”使人忧伤，“携”才会带来希望。淳朴良善的巴蜀人民等来的不是豺狼，而是“阿礼郎”。

只要让我们大步流星走康庄大道，这片热恋的土地究竟姓杨还是姓李，并不是不可商量——让老百姓得到实惠的人，最终也会受惠。

李孝恭凭借着他的招携以礼，怀远以德，征服了蚕丛的子孙。

李孝恭怀揣阶段性成果，向远在长安的李渊汇报：可以把巴蜀当做大后方，向东征讨，因为东面忽然冒出一个异端，顶着个吃米的名字，竟干着吃人的勾当，应该教训一下。

李孝恭的意思很明了，“文”已经动过了，他想动武。

军事帮手 VS 政治对手

迦楼罗王本是印度的一种“神鸟”，相传为佛教祖师爷如来的舅舅金翅大鹏雕，喜欢吃人。出生于安徽亳州的朱粲自称迦楼罗王，就是想来个大鹏展翅，吃尽天下可吃之人。

朱粲真吃人？真吃！不但他吃，他的众多手下也吃，每攻取一座城池，都要将所有的妇女儿童搜集起来，先挑好吃的吃，吃不完的带到路上当干粮。

隋朝著作佐郎陆从典、通事舍人颜愍楚，以及后来李渊派去招降的散骑常侍段确，都被朱粲吃了。

对于这一人中异类，兽中正禽，哪能简单教训？直接灭了他！李渊指示李孝恭，立刻东征，会同山南抚慰使马元规、宣州刺史周超、邓州刺史吕子藏一起，围歼吃人狂魔朱粲！

夹缝中无法生存的朱粲一族最终被李孝恭一举捕获。朱粲接下来的命运，几乎没什么悬念。

有人已经提出具体操作：坑之（活埋）。

但李孝恭告诉众人，现在战线的东面全是敌人，活埋了他，谁还愿意过来投降？于是在一片争议声中，李孝恭放走了朱粲（朱粲后来被李世民诛杀于洛水河畔）。

李孝恭将赦罪放人的宣传单撒向敌区，结果是“书檄所至，相继降款”。

其实李孝恭杀了朱粲以后再进行招安，效果会更好，因为此时的朱粲早成了过街老鼠，杀了朱粲必然大快人心，招降的速度还能不快？

不过毫无疑问，李孝恭又一次获得成功。

成功后的李孝恭胃口豁然大开，信心爆棚，东部战场一安静，他立刻将目光投向了东南部的萧铣（萧皇后的远房堂侄）政权。因为就在一年以前，此人竟然派大将杨道生入侵峡州，主动向大唐挑衅。虽然他最终被峡州刺史许绍（李渊同窗）击败，但对于李孝恭来说，被人找上门来的感觉，着实令人不舒服。

萧铣，一个没落的梁朝后裔，被一些好事者簇拥着，从七品县令被动升级到了极品皇帝，随后趁隋朝土崩瓦解之际，侵吞了东至九江、南至越南、西至三峡、北至汉水的广袤领土，一时称霸南国。

但也就是一时。

公元620年，李孝恭上奏皇帝：萧铣政权虽然貌似强大，实已分崩离析，内部割据严重，各自为政。萧铣作为大梁皇帝，在缺乏有效集权手段的情况下，竟让四十万部队马放南山，解甲归田，想用这种方式削弱手下将领的势力，结果却适得其反。种种迹象表明，攻打萧铣的时机已经成熟。

李渊表示赞同，即刻任命李孝恭为夔州总管，同时为了稳妥起见，将在洛阳战场上崭露头角的李靖借调过去，与李孝恭一起平定萧铣。

接到命令后，李孝恭立刻开始建造船只，并日夜训练水军。他很清楚，长江就如同一把宝剑，自梁朝前心扎进，从后背透出，要攻占位于江畔的梁都江陵，水路是最好选择。

李孝恭打算带领军队自夔州穿三峡，千里奔袭直取江陵。可是面对现实，要完成这完美一击，“鬼”都会发愁。

一百多年以后，一位浪漫主义诗人从奉节（即夔州）的白帝城出发，重走这段水路之后，写下了“朝辞白帝彩云间，千里江陵一日还。两岸猿声啼不住，轻舟已过万重山”的诗句。

一千多年后，一位现实主义作家重走了这段水路，告诉现代人，即使采用现代化的交通工具，至少也得走三天。

现实与浪漫之间，有时只差一个“二”。

李孝恭是现实主义者，他很清楚，走这条水路难比登天。万一唐军一去不复返，那大唐辛苦经营的巴蜀，可能会被当地几个“聪明人”侵吞。虽然民心已经收拢，但若有人打着狭隘民族主义的招牌招摇撞骗，民心也很容易被利用，因此临走之前，一定要做一件大事：抓几个人质。

在一个阳光明媚的日子里，李孝恭主持，众唐将作陪，将巴蜀地区的所有政治精英请来吃酒。

酒过三巡之后，李孝恭吐了真言：现在唐军中职位空缺严重，工资多到没人领，你们都是精英人物，在国家需要时，应该勇挑重担，

此次选拔无需考试，完全是按需分配，赶紧行动起来，先到先得！必须声明，这不算走后门！

面对大唐的无限慷慨，当地豪门贵族充满无限感慨，于是人质们纷纷各就各位：对于有欲求的人，有时会把温柔的陷阱当做温柔；对于无欲无求的人，再温柔的陷阱也是陷阱！

这个世界上，有几个无欲无求者？且行且珍惜。

解决了后顾之忧的李孝恭又迎来好消息，叔父李渊下诏，任命他为荆湘道行军总管，水陆十二支攻梁部队，他是总司令。

从山南招慰大使到荆湘道行军总管，从文质彬彬到武不善作，李孝恭用了三年时间。他无比激动，准备放开拳脚，大展宏图。

但令他没有想到的是，他的宏图刚刚展开，便被一个人撕了个大口子：开州贼首冉肇则攻击夔州，李孝恭率兵迎战，结果大败。幸亏传说中的帮手李靖及时赶到，用一种极其完美的方式斩杀了冉肇则，解了夔州之围。

失利的李孝恭很快接到了李渊发来的紧急通知：鉴于李靖前一阶段在洛阳战场中的突出表现，出于稳妥可靠的考虑，建议将具体的军事指挥权交给李靖（“三军之任，一以委靖”）。当然，最高决策权，仍由你李孝恭行使。

心情复杂的李孝恭带着他的超级副手李靖以及两千多艘战船，从夷陵出发，一路势如破竹，连克荆门、宜都二镇之后，直抵“水色清明十丈，人见其清澄”的清江江畔。

这是李孝恭与李靖第一次并肩战斗，他多了一个军事帮手，也多了一个政治对手。按照李孝恭的设想，趁着部队士气高昂，要一鼓作气，直接将清江对岸的文士弘击垮，随后一路向东，攻打一片空虚的江陵城。

李靖立刻反对：文士弘不是酒囊饭袋，不会轻轻一捅便稀里哗啦。他现在破釜沉舟，背水一战，出于求生的本能，革命热情很高。不如等上一等，等他凉下来，再择机歼灭。

等他凉下来？那黄花菜都凉了！你先一边凉快去！具有最高决策权且一向温文尔雅的李孝恭脾气大爆发，他命令李靖在后方看家，自己则亲率大军与文士弘交战，但很快失利。

文士弘打败了李孝恭，大喜过望，开始纵兵游行，疯抢唐军的作战物资。

可文士弘忘记了一件事：李孝恭虽然失败气馁，李靖却从来没有离去。

冷眼观察的李靖趁着梁军被胜利冲昏头脑之际，果断出击，斩杀大量敌军，并缴获四百余艘战船。文士弘还没有来得及享受便仓皇逃跑，李靖一路猛追，在百里洲滩头，又当众扒了文士弘一层皮，文士弘从此消失在遥远的银河。

李孝恭是一个善于变通的人。

战斗结束后，李孝恭开始面对现实。他开展了自我批评，并进行了深度总结，最终结论是：李靖没来，跟着感觉走；李靖来了，跟着李靖走。统一认识之后，李孝恭带领数万大军长驱直入，直扑江陵城。

城中的萧铣感受到了来自上游的阵阵寒流，他望了一眼仅有的五千守城官兵，叹了口气，开始征兵——他要把四十万已经变成农民的士兵们，再重新变回来。

变回来？老婆孩子热炕头，哪能说变就变！你先在江陵等会儿！

江陵城中寒风瑟瑟，城外热情似火。萧铣经过漫长的等待与短暂的思考之后，向李孝恭举手投降，随后被押往京都。

在萧铣人头落地的那一刻，李渊正将一幅图画铺展开来。他问李孝恭，画中描绘了你带领将士们攻取江陵的英明神武的形象，你满不满意？

满意，不过还缺少一个人，李孝恭实事求是。

不缺！李靖他再厉害，也只是一个打工的。而你作为家族企业的代言人，主要任务不是想这些，也不是只经营巴蜀，而是要经营整个南方！

李孝恭听到叔父的话语后，信心倍增，使劲把腰杆子挺了又挺。

其实李渊暗地里对李靖的称赞与嘉奖，要远远多于李孝恭。“见人说人话，见鬼说鬼话”这句俗语听起来很俗，但对于政治家来说，某些情况下，还必须得用。让所有下属开开心心工作，是考核领导者领导能力的一项重要指标。

功勋与堕落

李孝恭回到荆州不久，又官升一级，被任命为襄州道行台尚书右仆射。作为中南战区的最高指挥官，李孝恭要求李靖，在恰当的时机，前往岭南地区，抚慰当地民众。

自夏至唐，全国的政治中心几乎全部分布于北方区域，岭南地区属于传统上的偏远地带，对于当地人来说，只要生活安逸顺心，谁当皇帝都一样。于是一通抚慰下来，又有四十九州归降。

岭南平定之后，整个长江流域划入大唐版图，李孝恭终于可以静下心来，做点自己擅长做的事——开置屯田，创立铜冶，发展经济，提高人民生活水平。

正当李孝恭带领南方人民兴高采烈地憧憬未来时，一种不和谐的声音在江淮一带突然爆发。

齐州临济人辅公祏与齐州章丘人杜伏威曾是一对亡命天涯的好兄弟，隋末唐初，二人揭竿而起，成了江南地区的两位义军领袖。杜伏威攻占历阳后，声威大震，远近皆来归附，于是自封总管，在命辅公祏为长史。

武德二年（公元619年），杜伏威审时度势，归附唐朝。武德三年（公元620年），李渊爱屋及乌，任命辅公祏为淮南道行台尚书左仆射，封舒国公。

但李渊不知道，在“屋”与“乌”之间，早已矛盾重重，猜忌横生。

辅公祏是一个从内到外弥漫着不和谐的人。当好兄弟（“刎颈之交”）杜伏威成为江淮地区事实上的一把手之后，辅公祏总是有意无意地去抢杜伏威的风头。风头正劲的杜伏威受不了“好兄弟”的挤兑，干脆一不做二不休，派养子王雄诞、阚棱夺去了辅公祏的兵权。气愤不过的辅公祏直接撂挑子走人，找昔日挚友、山中隐士左游仙探讨人生去了。

江淮重新恢复稳定，杜伏威感到如释重负。他上书朝廷，表达了想入朝为官的想法，开始寻求政治靠山。李渊当然很高兴。杜伏威主动放弃江淮土皇帝的实惠，入朝侍奉真皇帝，李渊是求之不得，他立刻答应，并许以高官。

杜伏威对自己的干儿子相当了解：王雄诞特别会打，特别不会混。战场上的王雄诞左右逢源，所向披靡；官场上的王雄诞躯体僵硬，心浮气躁。

将老巢交给王雄诞，杜伏威一百个不放心，因此在走马上任之前，对王雄诞千叮咛万嘱咐：辅公祏尽管被咱们一锅铲拍出去很远，但凭我与他多年的交往经验，他很有可能还会回来，你一定要时刻提防，一有风吹草动，立刻向我汇报！

说完之后，杜伏威带着自己那张乌鸦嘴，与另一位义子阚棱一起离开了家。

他们应该再多停留一会儿，或者多回头看看老家的一草一木。

杜伏威甫一离开，老奸巨猾的辅公祏、左游仙便立刻停止研究人生，开始研究正事儿。公元623年，一番周密计划之后，辅公祏勒死了杜伏威忠诚的革命卫士、军事奇才兼政治白痴王雄诞，并称帝于丹阳，国号宋。辅公祏登上皇位之后，在阴谋专家左游仙的辅佐之下，准备反攻大唐。

李渊得知消息后异常震怒：现在李孝恭治理南方井井有条，渴望和平安乐是群众的普遍呼声，可总有人唯恐天下不乱，想跳起来窜到杆子上耍猴，你以为天高皇帝远？我离你是很远，但有离你近的！李孝恭，命你为行军大元帅，给我灭了这个姓辅的！这次李靖、李勣、黄君汉、张镇州、卢祖尚全归你指挥！你本人能不能打不要紧，将几个能征善战且个性十足的人聚在一起，搓成一股绳勒死敌人，也算你本事！

买卖来了！李孝恭激昂中拍了桌子：小的们，拿酒来！先喝他个豪情万丈！

自从有了李靖，李孝恭再也无法享受打仗中酣畅淋漓的感觉，他想找回感觉，只能依靠酒。

酒喝多了容易渴，李孝恭立刻命令左右，赶快取水来！手下忙取水过来，这时水却无端变成了血（“命取水，忽变为血”）。

水连油都变不了，怎么可能变成血？在迷信的笼罩下，现场人士还是普遍认为，这是一种不祥之兆。

李孝恭淡定无比：咱们不做亏心事，不怕鬼敲门。你们担什么惊，受什么怕？辅公祏恶贯满盈，我们讨伐他是替天行道！你们看见没，今天这血就是辅公祏的血，我现在就喝了它！说完之后一饮而尽。

主帅分析问题头头是道，解决问题行之有效，大家的心，顿时平静许多。

小插曲之后，李孝恭大手一挥，命令水军直趋九江，同时令岭南道大使李靖带领广、桂等州的投诚部队开赴宣州前线，令怀州总管黄君汉集结于亳州，令齐州总管李勣取道淮水。

在唐军北、西、南三面夹击之下，辅公祏似乎只有一条出路：跳海。但海里没有金钱、身份、地位、女人，他还想在陆地上流连一会儿。

辅公祏觉得李孝恭不过是凭借着李靖、李勣两个牛人来支撑门面，而他自己除了左游仙、冯惠亮两大神助外，还对江南一亩三分地了如指掌，凭借着有利地形，足够与李孝恭周旋个一年半载，未来形势一旦变化，鹿死谁手还真不一定!

辅公祏怀着强大的自信，在自己熟悉的土地上，真真与李孝恭周旋了近一年，但最终，还是被李孝恭以摧枯拉朽之势，彻底雨打风吹去。落魄的辅公祏被当地农民押送到了丹阳故地，而此时的李孝恭，则早早地站在了为辅公祏设置好的断头台边。

辅公祏死了，和辅公祏有关的两个人杜伏威与阚棱也死了。尽管在辅公祏刚一造反时，杜伏威便在李渊面前痛哭流涕地解释，辅公祏此举纯属个人行为：尽管阚棱在此次平定辅公祏之战中立下汗马功劳，李孝恭仍然上奏他的叔父：有证据证明，杜伏威与辅公祏是暗中勾结的，阚棱则想暗里造反。杜伏威不明不白地死去，阚棱则明明白白地被杀。（几年之后，李世民登基称帝，明白当年杜伏威与阚棱是受人诬陷，为两人平了反。）阚棱立下战功，为什么会被杀死？

据说是因为他的脾气不好，得罪了李孝恭。

歼灭辅公祏之后，李渊赏赐给李孝恭一栋超级别墅、两个歌舞团、七百个仆人、一个东南道行台尚书左仆射（后改拜扬州大都督）的大官帽。

李渊的意思很明显，战争结束了，李孝恭应该彻底休息一下。

是啊，风里来雨里去了几年，该享受享受了！李孝恭似乎理解了叔叔的意思，将自己的别墅装修成了碉堡，该加粗的地方加粗，该加厚的地方加厚，并设置三步一岗，五步一哨——他想在昔日隋炀帝杨广享受过的地方，长久地、安全地享受下去。

把别墅装修成碉堡，李孝恭你啥意思？！李渊将李孝恭紧急召唤到长安，对他进行了歇斯底里的批评，并严重警告他，趁早收起谋反的念头！

我要谋反？怎么连我自己都不知道！

虽然经过反复审查，确实没有一条证据支持李孝恭谋反的罪名，但李孝恭还是被罢黜了扬州大都督，降级为宗正卿。何为宗正卿？宗正寺的最高长官，管管李氏皇族琐碎的内部事务，守守皇族陵庙，仅此而已。

不过在后来的玄武门之变中，李孝恭谁也没支持（他也没有能力支持），这一聪明做法为他延长了十四年的寿命——在李世民看来，没有支持名正言顺的太子李建成，就是在帮他。

李世民登基以后，有感于李孝恭曾经的功劳与真正的堕落（李孝恭降职以后，开始沉溺于美酒与女人），既感恩，又感叹，再拜李孝恭为礼部尚书，虽然没有实权，但面子一定要给足。

公元640年，在一番花天酒地之后，李孝恭暴毙于街头。三年之后，凌烟阁内出现了一幅画，一幅紧挨着长孙无忌的画。

初步估算了一下，自618年至624年，李孝恭作为一位王爷，为大唐贡献的领土面积，是同一时期李世民的两倍以上。

但这又能怎样？他生来就是一个王爷，封建权力争斗的核心，他根本挤不进去。

他也不想挤。

【大事记】

- 公元591年生于陇西成纪（今甘肃秦安）；
- 公元618年，拜为左光禄大夫，不久改为山南招尉大使，负责经略巴蜀，攻占三十余州，俘获朱粲；
- 公元619年，任信州总管；
- 公元620年，封赵郡王；
- 公元621年，任夔州总管，灭萧铣，受封荆州大总管，成功招抚岭南诸州；
- 公元623年，率军攻打辅公祏，平定江南，因功拜扬州大都督，后改任宗正卿，又历任凉州都督、晋州刺史；
- 公元626年，赐实封一千二百户，任礼部尚书，改封河间郡王；
- 公元640年，暴病身亡，诏赠司空、扬州都督，陪葬献陵，谥元，配享高祖庙庭。

八方说辞

李孝恭在李唐王朝中智勇无双。

黄道周（生于1585年，卒于1646年，明朝末年的学者、书画家、文学家、儒学大师）

李孝恭生性奢华豪迈，喜欢游玩设宴，歌姬舞女有百余人，然而他宽恕退让，谦虚谨慎。太宗李世民非常喜欢他，在李氏诸宗室中没有人能与他相比。

刘昫（生于887年，卒于946年，五代时期的政治家、史学家，后唐庄宗时任太常博士、翰林学士，《旧唐书》作者）

李孝恭年轻时沉稳、机敏，很有胆识。

《十七史百将传》（一部中国古代名将的传记，作者是北宋时期的张预）

第三章

杜如晦：男要入对行

已经无法确切地知道，尹阿鼠是否真的叫尹阿鼠，但有一点却很清楚：当他带着下人冲出门去，将正要路过的文弱书生杜如晦揪下马来，翻过来覆过去地狂揍时，远在秦王府的李世民一定心痛到极点。

英勇执著的杜如晦与敌人展开激战，而不幸也随之发生：他的一根手指被打断。不过万幸的是，聪明的脑袋依然完好无损，他依然可以为李世民开展科学高效的工作。从这个角度讲，在遭受群殴的情况下，杜如晦仍然具备较强的自我防护能力，并能够在十万火急的情况下迅速做出判断：身体的哪些部位是必保的，哪些是可以舍弃的。

有效的决断能力，成就了杜如晦辉煌的一生，让他成了李世民身边不可替代的人。

与之相比，尹阿鼠虽然获得了暂时的胜利，却也在不久的将来，迎来决定性的失败。虽然史书上没有记载尹阿鼠最终属于哪种死法，甚至连他的女儿尹德妃（李渊晚年宠妾）的下场也只字未提，但是结果显而易见。

三十年河东，三十年河西，一切尽在不言中。

尹阿鼠所倚靠的人是天赐骄女尹德妃，尹德妃所倚靠的人是真龙天子李渊，李渊所倚靠的人是天策上将李世民，李世民所倚靠的人是天之英才杜如晦。

鼠目寸光的尹阿鼠只看到了女儿背后的李渊，没有看到李渊背后的李世民，更没看到李世民背后的杜如晦。他在没有理清复杂依存关系的情况下肆意弄势，逆天行事，结果可想而知。

杜如晦，李世民的左膀，与右臂房玄龄合称“房谋杜断”，初唐时期伟大的政治家，凌烟阁二十四功臣排名第三。

不断走低的仕途

一个人的宦海沉浮，跟他家族的仕途背景息息相关。杜氏家族给人的感觉是：人往低处走，水往洼处流，反其道而行之。

杜如晦曾祖父杜皎曾官拜北周开府仪同——正一品；从祖父（祖父的弟弟）杜果曾任大隋朝工部尚书——正三品；父亲杜咤曾做过昌州长史——正五品。如果按照一三五等速递减的官道规律，等待杜如晦的，应该是京兆杜陵（杜如晦家乡，今陕西长安县）县的七品县令。不过结果令人感到心酸，残酷的现实是：二十多岁的杜如晦到了当官的年龄，还属于没有品级的常调预选。

什么是常调预选？就是一些官员的子弟到了当官的年龄后，还没有官可做的，可以先在一个“随时进出”的队列里排着，等待“捡漏”的机会，也可以将它称作“官员预备役”，或者是“常调官”。

当然，作为一名官员的后代，能在常调队列里排着等官做，总好过在大街上排着等施舍。从积极的方面理解，杜如晦也是一个有一定“基础”、有些许“资源”的人。

俗话说“家常饭好吃，常调官好做”。隋朝的下级官吏调动频繁，只要坚持在队列中排着，迟早能当官。运气好的话，弄个七品县令也不是不可能；运气差点，八品县丞也说得过去；再不济，做个九品县尉（相当于现在的县公安局长），只能说凑合。

“公有应变之才，当为栋梁之用，愿保崇令德。”这是时任吏部侍郎（级别相当于今中组部副部长）的高孝基在常调队伍中招聘时，对杜如晦说的第一句话。当时吏部尚书牛弘与另一位吏部侍郎裴矩几乎成了甩手掌柜，将有关官员任免的大事小情全部扔给了高孝基，因此高孝基成了组织部门事实上的一把手。能得到一把手的赏识，杜如晦的运气不是一般的好，他的仕途应该一片光明。

但善于“剧谈”（会讲话）的高孝基紧接着来了一句：“今欲俯就卑职，为须少禄耳！”意思是：先给你一个小官做，别嫌薪水少啊！而且千万别着急，先在基层锻炼锻炼，是金子，迟早会发光！

高孝基说的“卑职”，到底是什么？究竟在哪里？在山东滏阳（今河北省邯郸市磁县）。

高孝基准备让杜如晦做滏阳县的九品县尉，他认定杜如晦有应变之才，想为杜如晦搭好第一阶官梯子。

让一个居住在陕西长安县的有志青年，到远在千里之外的磁县做九品微官，高孝基搭的这个梯子，又短又窄。

孩子升初中有电脑派位，即使再随机，也不过半个小时公交车程；对于杜如晦来说，通过常调这台“大电脑”的随机派位，竟被派到了千里之外的磁县，坐高铁过去，也得四个小时。杜如晦听到任命之后苦笑连连：高大人，你不但善于剧谈，还善于扯淡。

既然无法提供令人满意的薪酬待遇，也压根没打算许以高官，高孝基为何会对杜如晦赞赏有加？

可以理解为招聘领域内的一种人际交往方式。

事实上，高孝基对刚入仕途的房玄龄也是赞赏有加：“仆阅人多矣，未见如此郎者！”（我见的人多了，从来没有见过像房玄龄这么牛的人物！）“但恨不睹其耸壑凌霄耳。”（在我有生之年，怕是看不到他大展宏图了。）

高孝基的第一句话永远在拔高，第二句永远是补刀。不过家底丰厚的房玄龄听了高孝基“过山车”式的讲话以后，压根儿没往心里去，而没落家庭出身、寒苦了半辈子的杜如晦坐过山车之后，却不能不往心里去：好不容易等到了差事，县尉即使是棵烂稻草，也得去抓，要不下半辈子只能继续和锄头打交道！

郁闷的杜如晦挑选了一个阴沉沉的日子，毅然离开家乡，奔赴滏阳。

可是仅仅过了几个月，杜如晦便毅然辞去县尉职务，回到杜陵——既然现实所得远远低于事先期望，我杜如晦宁肯回家吃糠咽菜，也不愿为政府打小工！

大业中（公元611年左右），在人生的十字路口短暂思考之后，杜如晦选择了放弃，将人事关系档案留在了滏阳，直接拍屁股走人。作为“潜逃”官员的他非常清楚，这一行动将彻底断送他继续在隋朝官场上行走的任何可能。

三国时期，二十七岁的诸葛亮经不起刘备三兄弟的软磨硬泡，放下锄头，离开家乡，去开创未来；差不多相同年岁的杜如晦受不住隋朝官场的乌烟瘴气，回到家乡扛起锄头，继续开垦土地。

难道他对仕途彻底灰心失望了？难道他彻底忘记了祖先曾经的荣耀？

不，他在用自己的远见卓识，赌一个光辉灿烂的未来。

精明的人看形势，聪明的人看趋势，英明的人看大势。杜如晦是聪明人，他看到表面歌舞升平的隋舟之下，已经暗流涌动，不久以后，一定会浪奔，浪流，万里滔滔江水永不休。杜如晦不是许文强，也没在上海混，可是几年之后的他，竟也淘尽了世间事，混作一片潮流，似大江一发不收。

这个转折点，就在公元617年的冬天。

合体的威力

寒冬已至，李渊父子带领二十万大军，攻占隋朝首都长安。杜如晦得知后，放下手中的锄头，走出门去投奔。已经投奔李世民的房玄龄也在同一时间走出门来观望。

房玄龄有个“毛病”：在唐军攻取一处地方之后，他便开始到处乱逛。当然，天生怕老婆的房玄龄绝不会趁着出去遛弯的机会偷窥胭脂粉黛，他是在替李世民搜罗人才。

如果有缘，今生必定相见。房玄龄与杜如晦分别走出门，邂逅于午后时分，相谈至深夜零点，相交于黎明时刻。

杜如晦瞧上了房玄龄的“才”，房玄龄看上了杜如晦的“能”。在房玄龄的大力举荐下，杜如晦成了秦王府的兵曹参军。

记室参军房玄龄是李世民的政治秘书，行军典签长孙无忌是李世民的经济秘书，兵曹参军杜如晦是李世民的军事秘书，长孙王妃是李世民的生活秘书。

伟大人物的身边聚集了强大的秘书集团，强大的秘书集团成就了伟大的人物。

这一年，杜如晦三十三岁。

生命的过程就是不断奔跑的过程，每天一觉醒来，踏上属于自己的起跑器，准备一天的奔跑，而起跑器的好坏直接决定了奔跑的速度与质量。

高孝基为杜如晦定制了一款名叫滏阳县尉的“起跑器”，杜如晦踏上试了试，松松垮垮的不合脚，立刻抬腿走人。几年以后，李世民将兵曹参军这一起跑器给了杜如晦，杜如晦踩了踩，坚实无比，他准备发力，实现快速奔跑。

尽管从价格上讲，兵曹参军并没有比县尉“贵”多少。

兵曹参军，六曹参军系列之一，后世历史上踏着“曹参军”起跑器实现成功奔跑的还有两个人，一个是华州司功曹参军杜甫，另一个是京兆府户曹参军白居易。前者猛跑成诗圣，后者狂奔变诗王。

毫无疑问，尽管两人在从政的道路上纷纷跑偏，但倘若没有“曹参军”这个基础，他们也没有那么多可写的东西。

三十三岁的杜如晦不敢跑偏，他知道人生的机会其实并不多。他知道，虽然八品的兵曹参军比九品的滏阳县尉仅高了一阶，但关中的李世民相较于河北的窦建德（此时河北已被窦建德占据），不知要高多少阶——窦建德是聪明人，但不是聪明的领导。

聪明的领导会让下属撒开脚丫子奔跑，不聪明的领导却喜欢给下属穿小鞋，搞得人连走路都成问题。

杜如晦认定李世民足够聪明，于是决定立足本职岗位，披星戴月去谋取未来。

他的确这么做了。

不过很可惜，杜如晦的长远规划不久便被一道圣旨打乱——李渊要将他外派到陕州，任总管于筠的府属长史。

原来，新生的大唐政权正拥有越来越多的土地与人口，迫切需要人去治理。胸有成竹的李渊看到秦王府人才济济，好苗子很多，便决定将一部分苗子移到外地去生根发芽，杜如晦便是其中之一。

而且李渊认为，于筠与杜如晦都是杜陵人，老乡配老乡，肯定能兴邦。

李世民起初对于父亲李渊的做法也没想太多，毕竟府内的人才确实很多，无偿输送一两个也是应该的。可是很快，李世民便吃惊地发现，父亲似乎有个怪癖：总喜欢逮着一只羊薅羊毛，秦王府的能人越“薅”越少，他几乎成了孤家寡人。

房玄龄适时点醒了他：皇帝让大批秦王府成员外流，是在有意削弱您的势力，为太子将来顺利继承皇位打基础。不过虽然府中的人走了很多，却没什么可惜，这些人都是小才，去留都无所谓，唯独杜如晦，具备王佐之才。您若只是想偏安一隅，小打小闹，尽管放他走，但若是有问鼎中原、逐鹿四方之志，非得留下此人不可！

外表文弱的杜如晦竟有如此大的能量？怪我怪我！我竟没看出来！李世民听完房玄龄的分析之后，立刻奏请父亲李渊，坚决将杜如晦留在了身边。

李世民的吃惊动作表明了一个客观现实：杜如晦究竟是骡子还是马，李世民还真吃不准——初来乍到的杜如晦在上司的眼中，似乎还只是一个挥着翅膀的男孩儿。

不过这位挥着翅膀的男孩儿，很快就要大鹏展翅。

公元618年7月，盘踞在陇西的大军阀薛举率领数万精兵，杀奔长安！

薛举很受伤。

他一直认为隋朝末年的长安城是自己嘴边的肉，什么时候吃、怎样去吃完全看心情，哪承想，只一眨眼工夫，以李渊为代表的一群外来燕飞入关中，直接将他的嘴边肉叼走，他怎能不生气？

薛举在愤怒之余，蔑视东部一片：李渊父子只不过钻军事空子，搞政治投机窃取了长安，如果真刀实枪地干，李家军在薛家军手里，简直是白给。

面对薛举的进攻，李世民带上房玄龄、刘文静进行抵抗。在领导突发痢疾，下属执行错误路线的情况下，唐军最终在浅水原被薛举杀败，几乎全军覆没。

逃回来的李世民痛定思痛，认定自己手头缺两样东西，没有这两样东西，唐军的整个作战体系漏洞百出：一样是对复杂时局的准确判断，另一样是超乎寻常的决断能力。

李世民认为房玄龄善“谋”而少“断”，他决定将杜如晦拉出来遛遛。

短暂休整之后，李世民正式启用杜如晦，让他直接参与军机大事，并重整旗鼓，衔恨北上，再战浅水原。

房、杜开始合体。

房玄龄能在极短时间内谋划出多种策略，却不知道哪种策略最优；杜如晦能在房玄龄诸多策略的基础上，迅速做出判断，并给出最终决断。

这便是“房谋杜断”的真正开始。薛举是不幸的，因为他积劳成疾，忽然病逝；薛举是万幸的，因为他没有直接体验房、杜二人合体后的威力，要不然，他会死得更惨。

杜如晦面对错综复杂、瞬息万变的战场环境，总是能够“剖断如流”，将他的军事天赋发挥到极致。唐军二战浅水原出奇的顺利。初愈后的李世民如虎添翼，直接活捉薛举的儿子薛仁杲（薛举此前已死），将陇西地区纳入大唐版图。

当杜如晦与房玄龄两个文弱书生合体时，就如同氘与氚两种元素

的原子核遇到一起，在适当条件下立刻产生核聚变，爆发出巨大能量，能将对手摧毁一万次。

李世民终于明白，把合适的人放到合适的位置，能产生让他合不拢嘴的效果，在随后的几年内，他越来越确定：好吧，只要你们能核聚变，我就绝不让你们分开；既然你们有如此大的合成能量，我就给你们释放的舞台！讨宋金刚、伐刘武周、捉窦建德、垮王世充，随你们的便！

历史一再证明，个人的强悍并不取决于他的肌肉，而是取决于他的心头肉。只要心脏足够强大，心肌足够发达，开合之间，血脉贲张，就会爆发出无穷无尽的能量。反过来看，那些动辄向世人展示肌肉的所谓强者，往高了捧，只能说会打架，不能说会打仗。

凌烟阁二十四功臣的前六位，没一个肌肉男。

血雨腥风

天之英才杜如晦用自己的实际业绩，非但征服了上司李世民，还征服了众多业内人士（“深为时辈所服”）。而他以前所渴望的东西，也开始源源不断地涌来——陕东道大行台司勋郎中、天策府从事中郎、文学馆十八学士（杜如晦、房玄龄、于志宁、苏世长、姚思廉等）之首。

千万别小看文学馆，它可不是普通的博物馆，想来就来，想走就能走。在当时的人看来，文学馆就是传说中的“瀛洲”（与蓬莱、方丈并称三大仙山），能进文学馆的都不是人，是“仙”，杜如晦就是文学馆的“仙人长”。

铁拐李率领众“仙”踏上蓬莱，为世人斩妖除魔；杜如晦带领众士登上瀛洲，为世民运筹帷幄。杜如晦在文学馆中的地位，和铁拐李在“八仙”中的地位等同。

十八学士本质上属于李世民的高级智囊团，杜如晦排名第一。房玄龄大杜如晦六岁，资历又老，又是杜如晦的伯乐，却排在第二位，是不是不太妥当?

妥当，李世民只看能力，不看资历。

下属走得远，上司登得高，人生就是相互成全。李世民给了杜如晦无与伦比的地位与荣耀，杜如晦托举着李世民，开始极目四方。

李渊是一个内在矛盾体：一方面担心李世民的功劳盖过哥哥，影响皇位的有序传递，另一方面为有这样一个神武绝伦的儿子而感到无比自豪。

这种内在矛盾日积月累之后，开始悄无声息地影响他的外在行为：一方面不断打压秦王府势力，另一方面不断抬高秦王的地位。

这是不是不正常?

不。看似矛盾的背后，是感情与权力的高度统一，他深爱着他的所有孩子。

李渊为了表彰李世民的不朽功勋，频频给李世民戴高帽——十二卫大将军、雍州牧、陕东道行台尚书令（局地）、尚书令（全国）、太尉、司徒。

但他很快发现，当将太尉、司徒等正一品的帽子抛出去之后，自己手头上再无更高的帽子可用了。他一下犯了愁，因为在攻克洛阳的过程中，李世民那勇猛卓绝的表现实在是无与伦比，不重重地奖励，自己心里始终不安。

凡事就怕认真，李渊在封官这件事上认了真，动了感情，生生造出一个官，一个有史以来，除了皇帝、太子以外最高的官儿——天策上将。

天策上将的表面权力仅次于皇帝与太子，但他的实际权力，可能比谁都大。

太子李建成开始夜夜失眠，他担心李渊会在一夜之间改变主意，将皇位传给李世民。他开始胡思乱想，秦王府、天策上将府、太子府、皇宫——李建成似乎看到了李世民一步一个脚印，要将自己挤出历史舞台。

兄弟也分亲疏，特别到了同病相怜的时候。失眠的李建成拉上失意的李元吉，开始研究"众矢之的"的李世民：老二之所以无法无天、目空一切，凭什么？

还不是凭他身后的那帮家伙，特别是"坏家伙"杜如晦与老家伙房玄龄！李建成与李元吉经过反复研讨之后，开始行动。

要想阻止李世民进一步生长，唯一的方法就是断了他的根，堵住他的脉！杜如晦与房玄龄，就是李世民的两条根脉。

当外患逐渐消失的时候，内忧便成了家常便饭。李世民平定了北方，李孝恭平定了南方，来自外部的压力已基本解除。所有人都笃信：在李氏家族内部，一场血雨腥风，将不可避免。而解决家族内部矛盾有且仅有一种方法：死人。

就看谁先死。

李建成找到父亲李渊，说了很多的话，将杜如晦与房玄龄的过去、现在与可能的将来掰开揉碎给李渊看，并拿出火镰，将父亲的胸中怒火又一次引燃。

李建成努力使父亲相信，有人的地方，就有江湖，而江湖，有时就是一团糨糊，越搅越乱。毫无疑问，杜如晦与房玄龄就是两位彻头彻尾的搅局者，没有他们，李氏一家会永远相亲相爱地生活下去。这一下说到了李渊的心坎上。

不过，即使李建成不说，李渊也会行动，只不过一早一晚。

很快，杜如晦与房玄龄便如两颗足球，被李渊左右开射，一脚一个，从李世民身边踢向诗一样的远方——李渊坚信，房、杜二人能够成全李世民，李世民也一定能够成全房、杜，要是一直相互成全个不停，李建成肯定没戏。

不但没戏，而且很可能连命也没了。

为了所有的孩子们，是该出手了。

滚蛋吧，“晦”“龄”君！不杀你们，仅仅是因为暂时还找不出杀你们的理由。

杜如晦与房玄龄离开了，李世民如同被釜底抽了薪，立刻陷入抑郁之中。这种极端低落的情绪，在他后来写的《威凤赋》中表漏无疑。

杜如晦是方向盘，房玄龄是发动机，长孙无忌是润滑油，尉迟敬德是轮胎，失去方向盘与发动机的李世民坐在车里，万念俱灰。

就这样蓦然分手，就这样一去不回头。临行方知情深厚，多少往事在心头。山悠悠，水悠悠，一路上风吹不散这点点愁 ——失去左膀右臂的李世民，情绪一落千丈，面对大哥、四弟的咄咄逼人与父亲的一味袒护，他甚至想到了死。

他一死，就得有许多人陪他一起死：长孙无忌是李世民的大舅哥，依据皇室宫廷斗争法则，他一定会死；尉迟恭曾无意中羞辱李元吉多次，按照小人睚眦必报法则，他也得死。

人类在面临死亡时，必然会选择逃避死亡，这是人类的本能。

长孙无忌与尉迟恭也不例外。他们不止一次找李世民，强烈提议：现在火烧眉毛，应立刻动手，迅速消灭李建成。

李世民不止一次地拒绝了他们。李世民的理由是，毕竟是亲兄弟，下不了手。太子与齐王多行不义，最好让他们“自毙”，或者是当他们举起屠刀的时候，再代表正义将其擒获。

别人举起屠刀，你不早成了刀下鬼！不善言辞的尉迟恭骂李世民太傻。

几轮深入交流下来，长孙无忌与尉迟恭终于摸清了秦王的内心：他是担心，没有杜如晦、房玄龄参与的政变，最终会演变为笑谈。

这还不容易！我去将杜、房召回来！长孙无忌自告奋勇。

满怀希望的长孙无忌，最终满怀失望而归：没有皇帝的命令，杜、房二人不敢来。李世民气愤至极，解下佩剑扔给尉迟恭：再去请一次，如果还不来，就砍了他们的头！

尉迟恭见到杜如晦、房玄龄之后，扭了扭脖子，耸了耸肩膀：有件事情，想跟两位商量一下。杜、房二人看了一眼即将近距离搏击的尉迟恭：一切事情，都好商量。

强制执行，有时的确是保证事情顺利推进的有效手段，不过尉迟恭的强硬行为，在杜如晦与房玄龄的心里似乎留下了阴影。若干年后，尉迟恭与杜、房二人的矛盾彻底激化，为了化解矛盾，李世民只能丢车保帅，将尉迟恭远远调离京城。

发动机与方向盘回归原位之后，一辆超级跑车被重新组装完毕，在天策府短暂亮相后，开往事先安排好的车祸现场——玄武门。

让皇帝刻骨铭心的人

玄武门之变使得李世民更加确信，尽管未来的路依旧蜿蜒曲折，但自己有杜如晦这个方向盘，一定可以正确驾驶。

等待杜如晦的，又是一轮封官浪潮：太子左庶子、兵部尚书、侍中、吏部上书、尚书右仆射。相当长一段时间内，杜如晦身兼数职，每一个职位，他都干得很出色，于是有人开始嫉妒。

起初李世民并没在意，可打小报告的人越来越多，严重影响了官场秩序。李世民拍案而起：能者多劳，劳者多得，天经地义。贞观刚刚起步，百业待兴，正是用人的时候，杜如晦聪明能干，我让他替我多分担些又怎么了！你们台上台下嘀嘀咕咕，有本事你们上！

嫉妒，是一种潜伏的罪。

在领导抬举之下，身为宰相的杜如晦满怀感恩之情，在自己身体里注入大量鸡血之后，开始忘我工作，披星戴月、废寝忘食、夜以继日、孜孜不倦，最终呕心沥血。

杜如晦透支着自己的身体，他忽略了一个基本事实：人的身体，水占55%，蛋白质占20%，体脂肪占20%，无机物仅仅占5%——代表力量的无机物，占比少得可怜，而其中的铁元素仅仅占了人体重量的0.0083%——人真的不是铁打的。

可悲的是，人在健康的时候，往往将自己当钢铁用。

贞观以后，杜如晦仅仅做了四年的钢铁巨人，便轰然倒下——公元630年的冬天，杜如晦一病不起。

杜如晦请求辞职，李世民只能哭着同意。

此后的一段时间内，李世民以国家的名义，遍访名医奇药，想要维持杜如晦的生命。不过由于杜如晦身体透支太过严重，所有医药已无力回天。杜如晦奄奄一息时，李世民先是派遣太子李承乾到杜如晦家里慰问，随后亲自登门，抚摸着杜如晦已经干枯的手，痛哭流涕，并趁着杜如晦清醒时，分别升杜构（杜如晦大儿子）、杜荷（杜如晦小儿子）为尚舍奉御、尚乘奉御（尚舍奉御与尚乘奉御均为皇帝亲信）。

杜如晦形容枯槁，气尽人绝。李世民失掉了臂膀，呆在内宫，三天没有上朝。

三天以后，李世民走出门去，当着满朝文武的面，追赠杜如晦为司空，封莱国公，谥号（文）成。

盖棺定论，简单的一个谥号，却是对一个人一生的高度总结。

需要说明的是，谥号也分等级，唐朝初期文职干部的谥号，按照等级，排名前十的依次是：贞、成、忠、端、定、简、懿、肃、毅、宪。

生前数一数二的杜如晦，死后依然数一数二。不过死都死了，杜如晦已不在乎名利。他所在乎的，应该是他的儿子们能否安安稳稳，有始有终。

公元643年，也就是杜如晦死去十三年后，身为驸马都尉、尚乘奉御与襄阳郡公的杜荷（娶太宗第十六女城阳公主为妻），因参与太子李承乾谋反被杀。受弟弟牵连而被流放岭南的杜构，最终也死于边野。

儿子的失败，无法磨灭父亲的功绩。晚年的李世民总是时时忆起杜如晦。有人进献一颗香瓜，李世民啃了两口便落下泪来：好的东西应该分享，将香瓜一分为二，一半留下给我，一半给如晦吧！

当李世民因房玄龄劳苦功高，要赏赐他银腰带时，又想起了杜如晦：要是如晦现在活着，该有多好！烦劳你跑一趟杜陵，替我给如晦送过去一条金的吧，他不喜欢银的。

既然杜如晦令李世民如此刻骨铭心，为什么不让他陪葬昭陵？

很简单，杜如晦死得太早，他死的时候，李世民还不知道位于陕西礼泉县城西北22.5公里处的九嵕山，风景竟是如此的好。

【大事记】

▷ 公元585年生于京兆杜陵（今陕西西安市长安区）；

▷ 公元617年，被召为秦王府曹参军，后迁升为陕州总管府长史；

▷ 公元618年，随军参赞军事，大破薛仁杲；

▷ 公元619年，辅助李世民击败刘武周、宋金刚；

▷ 公元620年，随李世民先破窦建德，后破王世充；

▷ 公元621年，官拜从事中郎，文学馆十八学士之首；

▷ 公元626年，参与玄武门兵变；

▷ 公元628年，以检校侍中之职兼任吏部尚书，仍然总管东宫兵马。

▷ 公元629年，代替长孙无忌为尚书仆射，仍旧管理官员的选拔，与房玄龄一起辅佐朝政。

▷ 公元630年，因病去世，终年四十六岁，被追封为莱国公。

八方说辞

唐代贤能的宰相，前有房玄龄、杜如晦，后有姚崇、宋璟，其他人都比不过他们。

司马光（生于1019年，卒于1086年，北宋时期的政治家、史学家、文学家。主持编纂了中国历史上第一部编年体通史《资治通鉴》）

到了唐朝，最著名的宰相就属房玄龄与杜如晦了。

曾巩（生于1019年，卒于1083年，北宋时期的政治家、散文家，“唐宋八大家”之一，在学术思想和文学事业上均有突出贡献）

杜如晦睿智聪慧，做事干练果断。

孙承恩（生于1619年，卒于1659年，清朝顺治时期状元，著有《映雪山居集》）

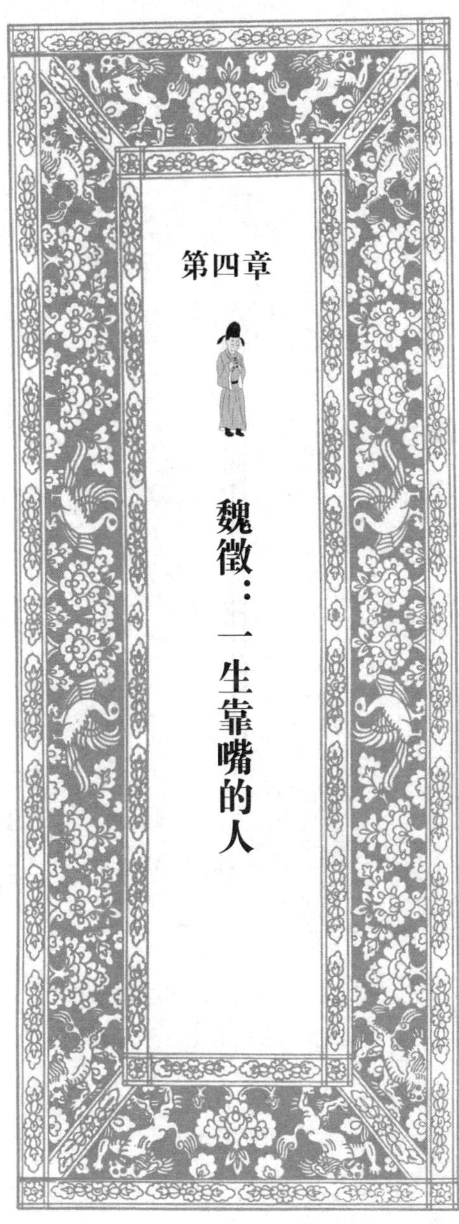

第四章

魏徵：一生靠嘴的人

嘴的初级功能是吃，高级功能是说。

集诸子百家之长于一身的纵横家苏秦、张仪，凭着他们那三寸不烂之舌游刃于列国之间，纵横万水千山、吞饮风雷霜雪，成为历史上两道独特的风景。

千百年来，在他们的感召下，拥有一副好口才，几乎成了所有人年少时的梦——我也不例外。

我曾效仿包龙兴对着大海狂练“说技”的模样，对着家乡的一条小河疯狂说教。不过结果挺惨淡：包龙兴“说”得大海潮起潮落，而我的小河，却依旧风平浪静。

嘴不争气，手不灵巧，脸又指望不上，我软弱下来，选择了平凡。但一千四百年前的有志青年魏徵，纵然有一千个伤心的理由，也要不断告诫自己：要坚强，要出人头地。

正确的倾诉对象

魏徵，凌烟阁二十四功臣排名第四。

曾祖父魏钊，北魏义阳太守、陵江将军；祖父魏彦，北魏光州刺史；父亲魏长贤，北齐屯留令——和杜如晦一样，魏徵的祖先们也是一路走低，十四岁的他所能够面对的，是家徒四壁和落魄中的一片凄凉。积劳成疾的爹娘，不顾少年魏徵撕心裂肺的泣血挽留，先后去了另一个世界，魏徵成了可怜的孤儿，留守着一个残破的家。

假如生活欺骗了你，不要悲伤，不要心急，忧郁的日子里需要镇静——一千多年以后，俄罗斯的普希金告诉世人。

可在急匆匆的空间里，怎能让人镇静？

除非去另一个空间——悲伤过后的魏徵，远离俗世的烦恼，踏入幽静的道观，将房门紧闭，开始疯狂读书。

逆境中的魏徵告诉自己：假如生活欺骗了你，不要悲伤，不要心急，忧郁的日子里，需要读书。

善于读书的人，能把书读得“活”过来；不善于读书的人，书越读越死。毫无疑问，魏徵属于前者。他有读书的天赋，这份天赋是被生活逼出来的。

生活从各个方面对他相逼，他就从各个方面疯狂读书：精通道家学说之后，魏徵开始贯通儒家、墨家、法家、阴阳家等学说，并最终崇拜上了纵横家苏秦、张仪。

不想成为儒家的道家子弟不是好的纵横家。魏徵暗下决心，这辈

子要凭一颗脑袋一张嘴，纵横天下。

说是一种本能，说到点子上是一种本领。所有说到点子上的人，无不具有深厚的思想。魏徵是世界上为数不多的没有将自己读成书呆子，也没有被自己的思想压趴下的人。他想将自己的所思所想源源不断地表达出来。

他首先要做的，就是寻找表达对象。不过此时的魏徵还不知道这样一条真理：遇到对的人，自己的所思所想，就是思想；遇到错的人，自己的所思所想，就是“死想”。

大业末年群雄争霸，魏徵走出道观，投奔武阳郡丞元宝藏，在其麾下做了一名秘书。后来元宝藏举兵反叛大隋，并与瓦岗的超级人物李密书信往来频繁，遥相呼应不断。一向曲高和寡的李密竟对元宝藏写的书信赞不绝口，他认为元宝藏这个人很有想法。

不过诚实的元宝藏告诉李密，其实他并没有想这些“法”，这些书信都是一位高手口授的。

元宝藏说的这位高手，便是魏徵。

李密立刻被好奇充满，亲自派人去请。天真的魏徵以为自己找到了表达的对象，他开始精心准备。

魏徵不知道，李密只喜欢猎奇，等到他觉得没什么“奇”可猎时，他就会失去兴趣。

几天以后，面对大人物李密，魏徵带着浓厚的感恩之情，滔滔不绝地阐述了助力瓦岗政权、经济、军事腾飞的十条原则。

好不容易有这么一个机会，魏徵倍加珍惜，说了很久。李密边听边点头：魏徵，你真能瞎忽悠！

在异常自负的李密看来，各方面都比他优秀的人还真不多。李密对魏徵“说”的形式连连称奇，但对于他说的内容，统统舍弃。在有意无意中，魏徵被李密无限期“雪藏”。

在错误的时间内，遇到了错误的表达对象，魏徵遇到了生平第一次打击。

魏徵想出人头地，却被李密拿罩子罩住，他心有不甘。一次小范围聚会时，魏徵瞅准机会，拉住长史郑颋的手，提出了一个一举消灭宿敌王世充的方案。他满心希望郑颋能够转述给李密听，也希望李密能回心转意。

早已看破红尘生死、看穿人间百态的郑颋看了看仍执著于名利的魏徵，笑了。

魏徵又一次找错了倾诉对象——郑颋在瓦岗军溃败之后，随波逐流到了洛阳郑王（王世充）府，并在李世民进攻洛阳时，向王世充提出辞职申请，打算随波逐流到寺院。王世充一生气，让郑颋的脑袋搬了家。看淡一切的郑颋在行刑前赋诗一首："幻生还幻灭，大幻莫过身。安心自有处，求人无有人。"胸怀大志的魏徵，想去指望胸无大志的郑颋，只能又一次失望。

一鸣惊人

失败是成功之母。魏徵虽然接连失望，却从未绝望。

瓦岗军被王世充击败以后，失意的李密投奔了意气风发的李渊。历史似乎迎来了新的转机，魏徵重新振作起来，打算在长安城一鸣惊人，一飞冲天。

可现实情况是，大唐的天空中雄鹰实在是多，整日在长安城上方盘旋，他形单影只，根本飞不起来。

此处不能飞，自有能飞处，任何困难都无法阻止一颗永不退缩的心。一番深入思考之后，魏徵准备前去山东，劝降李密旧部徐世勣（即后来的李勣）——只要立下功劳，一定会得到大唐高层认可。

作为曾经的同事，魏徵对徐世勣的为人一清二楚。李密已经降唐，徐世勣却还在犹豫，他执著地坚守一方旧土（北邻窦建德，西接王世充，南抵长江，东到大海），就是希望有朝一日，李密能够回来。

魏徵此行就是要准确无误地告诉徐世勣，李密是不会回来了。

魏徵找到徐世勣，短暂寒暄过后，是开门见山：果真是世事难料，当年魏公李密建立了庞大的瓦岗帝国，眼看着就要攻占洛阳、消灭王世充，进而称霸中原，似乎距离称帝也就一步之遥，可一眨眼工夫，历史的天空风云突变、电闪雷鸣，魏公如折翼的雄鹰、断爪的猛虎，看似十拿九稳的帝国梦想竟一朝破灭。由此可见，真真是天命不可违："神器之重，自有所归，不可以力争。"

将军你心怀忠义，坚守贞节，北拒窦建德，使其不敢南侵；西抗王世充，使其不能东扩。貌似平静的背后，满是血色残阳。

魏公李密雄才大略，最终还是被王世充击败，而现在你所面对的不只有王世充，还有窦建德，他们合起伙来瓜分你，似乎是迟早的事。

不要再犹豫了，相信我，投降大唐吧！趁着还有机会。

徐世勣最终被说服，他一面派人去长安商讨投降事宜，一面开仓运粮，接济苦难中的淮安王李神通（李渊之弟）。军事才能可以忽略的李神通，正被窦建德的数十万大军蹂过来躏过去。

对于夏（窦建德建立的政权）、唐之间的明争暗斗，先前徐世勣一直保持中立，现在他公然给李神通运去粮草，等于向窦建德公开自己最新身份。

窦建德很生气。他本来准备与徐世勣和平相处，但现在看来，几乎不太可能。

魏徵获得了巨大的成就感：他终于找对了谈话的对象。

只不过是在错误的时间里。

世界上最远的距离不是远隔千山万水，而是我站在你面前表白，你却总是提醒自己：千万别往心里去。

对于魏徵提出的助力瓦岗政权、经济、军事腾飞的十条原则，当年的李密压根没听进去，这对于初出茅庐、豪情万丈的魏徵来说是一次不小的打击。他也曾一度消沉，觉得自己在正确的时间内遇到了错误的人，需要痛定思痛。

这次他在李渊面前自告奋勇，要去黎阳劝说徐世勣归降，纯粹是怀着一颗不屈服于命运的心。没想到事情却出奇的顺利，在魏徵三寸不烂舌的鼓动之下，徐世勣同意归降。

而且徐世勣还放出豪言壮语，要出兵山东，解救李神通于水火之中。这使得魏徵激情四射，认为自己此次行动充分印证了一个道理：苦尽了，甘来了。

可事实是，甘没来，来的是窦建德。

原来，濒临绝望的李神通在抓住徐世勣送过来的一根救命稻草后，出于强烈的求生欲望，一路狂逃至徐的大营，死死躲了起来。

窦建德闻着唐军的味儿追赶过来，看见徐世勣死死护着李神通不放，立刻黑了脸：既然你不仁在先，我只能不义随后。弟兄们，抄家伙，攻进黎阳城，活捉徐世勣与李神通！当然，还有那搬弄是非的魏玄成（魏徵）！

最终，拥有数十万大军、正处于巅峰时期的窦建德轻松获胜，魏徵、徐世勣、李神通成了阶下囚。

不过“重然许，喜侠节”的窦建德并不打算杀他们，对于魏徵，还给了他一个六品起居舍人的官，魏徵有点出乎意料。

窦建德听说过魏徵，觉得此人还有点才能，想当母鸡养养，看能否下几个蛋。

但魏徵认为自己是公鸡，而且是战斗鸡，窦建德根本不是他的菜，他日日夜夜念着的，就是成功逃脱，回归大唐。

魏徵的人生又一次陷入低谷。他虽然遇到了正确的人，却是在错误的时间。

魏徵在彷徨与无奈之中度过了两年时光。公元621年，转机突然出现：秦王李世民兵临洛阳城下，王世充岌岌可危。窦建德感到唇亡齿寒，发兵来救，结果虎牢关一战几乎全军覆没，窦建德本人也被生擒。

魏徵连忙抓住机会，极力劝说驻守洺州的窦建德部将曹旦降唐。曹旦见大势已去，只得命魏徵先行一步，自己稍作停留之后，举所辖全地，恭送给了大唐。

虽然浪费了两年好时光，但魏徵进入长安城的时候，仍然理直气壮。他认为中原战争之所以取得最终胜利，与他在东方的游说有很大关系。如果只有他自己这么认为，那是自以为是，但关键是，所有人都这么认为，包括皇帝李渊。

大家都认为，如果不是魏徵用舌头将山东的水搅浑，李世民的东征行动会更加艰辛。中原千里沃土，也不可能如此快地归入大唐版图。

一个在长安难以开花结果的人，竟然在山东大放异彩，魏徵一炮打响，成了大唐功臣。

短暂寒冬后的春天

出了名的魏徵很快引起了一个人的注意：太子李建成看着二弟李世民身边的能人越来越多，羡慕嫉妒之余也开始四处张罗。他看到魏徵是一条很会游泳的鱼，立刻收入网中，招为太子洗马。

洗马是一种官职，最初为“先马”，后变为“冼马”，最终演变为“洗马”。“水”份虽越来越多，但“职”份几乎没变——做太子的良师益友。

“洗马”容易引发误解，“先马”就要好很多：在（太子）的马以先（前面），有指引、教导之意。

相比起来，弼马温也是一种官职，与“洗马”同属“马”字辈官。所不同的是，洗马官居三品，弼马温既没品级，也没品味，在这方面，魏徵显然比孙猴子要幸运得多。

魏徵终于迎来了久违的甘露。他成了太子面前的红人。

既然是红人，就得及时发光放热，要不然总是人红事不红，也对不起这一职位。随着时间推移，魏徵愈发觉得，自己有义务有责任，去尽快完成一件事：他必须及时提醒太子李建成：秦王李世民的势力与他的野心正急剧增大，照此发展下去，迟早要出事，不如率先下手，将隐患消灭于萌芽状态。

魏徵说得对不对？站在李建成的角度考虑问题，当然没错，不过很可惜，李建成没有采纳。李建成认为时机还没到，他的心还没有准备好。

心怀感恩且急于做事的魏徵忘记了一件事：血浓于水。嘴里喊着同一个爹娘，血管里流着同样的血液，你简简单单一句话，我就去砍亲兄弟？你先别急，让我想想。

对于亲兄弟之间的争斗，没到火烧眉毛的时刻，谁都不忍心下死手。

魏徵还忽略了一件事：他是个外人。过早地干涉皇族内部纷争，有时吃力不讨好。在这方面，他远不如房玄龄。房玄龄在火烧眉毛的时候，才找到李世民的大舅哥长孙无忌（没有直接找李世民），建议举秦王一府之力，立刻行动，消灭太子党。

在合适的时间，找合适的人，房玄龄似乎更精明些。但魏徵始终坚持认为，他选择的时间正合适，选择的人也没有问题。

只是造化出了问题。

玄武门之后，李世民抓住魏徵，并质问当初为何离间他们兄弟时，魏徵脖子一梗："皇太子若从征言，必无今日之祸！"

话语中透露出轻蔑、愤恨、无奈与视死如归。

他在我心中，依旧是皇太子，你李世民爱咋地咋地！魏徵是性情中人，无论身体吃多大的亏，嘴上永远要占便宜；无论对方有多强大，脑袋掉了，最多碗大的疤。

魏徵自己清楚，出口顶撞刚刚杀死自己兄弟、杀尽自己侄子的李世民，下场只有一个：千刀万剐。

可是他错了。

在经历了短暂寒冬之后，他的春天，正悄然来临。

魏徵在新太子(指李世民)面前大谈旧太子，摆明了是要刺激李世民，他以为李世民受到刺激之后，立马会有大动作。

李世民是有"大"动作，他哈哈大笑。

魏徵觉得李世民很深奥。

笑完之后的李世民指着魏徵不由分说：你，从今以后，跟了我吧！如果你觉得不可思议，就不要思，只管跟着我，时间久了，自然了解。另外，詹事主簿（掌管东宫文书）的职位不算高，但不要拒绝。

同在一个屋檐下做事，李世民对于魏徵的个人能力，还是相当了解的。他把魏徵抓来质问，并不是想要他的命，而是想要他的人，不过在要人之前，还是要给他个下马威，让他认清今后形势，从而就范，没想到人家魏徵根本不吃这套。

谈话进行到这个份上，李世民除了笑，似乎也没有其他合适的表达，除非他想要魏徵死。

政变刚刚结束，正是用人之际，李世民拥有宽阔的胸怀来包容一切。不管魏徵是匹烈马还是头犟毛驴，全都白搭：他在李世民手中再狂翻跟头，也到达不了梦的彼岸。魏徵感到很无助，他简单收拾之后，直接去东宫任职。

李世民登基以后，提拔魏徵为谏议大夫，封巨鹿（今河北巨鹿县，魏徵家乡）县男——虽然只是一个正五品的官儿，但摆放的位置绝对合适。做了上述铺垫之后，李世民找到魏徵，开始说出自己的真实意图：他想让魏徵担任宣抚大使，去“安辑河北”。

在李世民看来，一定要人尽其才，物尽其用。河北的山山水水，魏徵再熟悉不过，让魏徵去安辑河北，绝对合适。

具体原因说来话长：当年秦王歼刘武周、灭宋金刚、攻王世充、克窦建德，最终被封为“天策上将”，一时风光无限，光彩夺目。太子李建成看到以后，心里很不是滋味，作为李建成心腹的魏徵也无计可施。

不过机会很快到来，窦建德旧部刘黑闼在河北兴风作浪，之前虽被李世民平定过一次，但小黑同学在突厥的疗养院中短暂停留之后，又卷土重来，而且变本加厉，大有收服河北、抢占中原之势。魏徵抓住机会，建议李建成向父亲主动请缨，带上人马，赶去河北平叛。魏徵认为，面对秦王李世民咄咄逼人的功劳，唯有奋起抢功，才是唯一出路！

李建成接受魏徵的建议，找到父亲，谈了谈自己的想法，李渊深表认同。之后李建成果断出击，一举将刘黑闼消灭。李建成以此为契机，开始用心经营河北，培植自己的花草。不过玄武门之后，李建成的理想与他的身体一起破灭，河北众多太子枝叶人心惶惶，生怕李世民上台以后，来个斩草除根。

深谋远虑的李世民启用魏徵，一方面是看重他的个人能力，另一方面则是想笼络人心——他要准确无误地传递信息给太子余党：放弃幻想，立刻投降，魏徵就是你们的榜样！

有时现身说法，比呆板宣贯更实用。

另外，李世民派魏徵过去，也是想出一口怨气——当初是你魏徵撺掇大哥经略河北的，现在留下这么一个烂摊子，自然要你来收拾！具体采取什么策略，使用什么手段，你可以充分展开想象力（“许以便宜从事”）。

魏徵洗把脸之后，带着他的副手李桐客，东出潼关，去往他们熟悉的那片土地。

河北也是李桐客（河北衡水人）的家乡。他的个人能力很强，口才又相当好，当年侍奉大隋朝，受尽了怀才不遇的苦，相比魏徵，他所遇到的净是些不听话的人，说都没地方说。

李世民派这两个人去，目的显而易见，就是让他们在自家的一亩三分地上，充分放飞自我。不过令魏徵与李桐客没想到的是，他们一踏入河北地界，便遇到一件棘手的事。

原来，两人刚来到磁州（今河北磁县），便遇到李志安与李思行二人被人押解着，正往长安赶。

李志安是前太子千牛，也就是李建成手下的四品带刀护卫（类似展昭、李元芳的角色），李思行是齐王李元吉的护军，也属于军队中的高级长官。

这二人被抓，一定凶多吉少。魏徵遇到昔日同事，顿起怜悯之心，皇上不是赦免这帮人的罪了吗？怎么还是被抓了？不行，决不能让他们去京城送死，他们一死，河北的事情，就不好办了！

魏徵立刻与李桐客商量：既然皇帝给了我们“许以便宜从事”的权力，我们就索性把他们放了，各回各家，各找各妈！

私放朝廷重犯？魏徵纵使活得再不耐烦，也不需要以这种方式结束生命——二当家的李桐客听得云里雾里，他不知是自己晕，还是魏徵晕。

真正晕的是李志安与李思行，他们做梦也没想到，遇到魏徵之后，竟有可能免死！

魏徵告诉李桐客，河北本来就人心惶惶，我们作为形象大使前来安抚，就是来为当今圣上拉票的，如果“前台承诺得掷地有声，后台又传出阵阵惨叫”，这样表里不一，怎能取得家乡父老的信任？

如果李志安与李思行这两个重量级人物被杀，河北这台重头戏，肯定没法演！不仅我们演不下去，皇帝那边也没法向天下交代，要是落下出尔反尔的坏名声，以后的管理工作可就不好做了。

既然圣上给了我们便宜从事的权力，我们就先放人，后上奏，看看我们手中的究竟是实权，还是虚幻。

李桐客摸了摸自己的脑袋，勉强表示同意：自己上了贼船，跟了个敢于向老板叫板的人，不管前方是曲折小径，还是阳关大道，都得一起走。

李桐客超强的团队合作精神与服务大局的意识，挽救了他们的生命——如果李志安与李思行真的被杀，他们又要去河北真心表白的话，等待他们的，也许是一杆杆明枪，和一支支暗箭。

李世民得知他们的行动以后，举双手赞成——给你们自由决断的权力，我说到做到，我只关心最终结果，其间过程，你们怎么折腾都行！

就地释放李志安与李思行的行为征服了家乡人民的心，魏徵最终大获成功。

魏徵又一次站在了历史的新高度上。

生活并非一帆风顺

抚平河北之后，李世民精神为之一振，魏徵脚下的路，也逐渐清晰起来。

在鲜花与掌声中，魏徵自河北凯旋，立刻被升为尚书左丞（正四品）。

作为“三省”之一尚书省，在朝廷举足轻重，省内老大叫尚书令，老二叫左右仆射，老三叫左右丞。按照内部业务分工，尚书左丞辅佐尚书令，总领纲纪；尚书右丞辅佐左右仆射，掌管钱谷。因李世民早年曾做过尚书令，为了避讳，在他登基之后，尚书令一职无限期空缺。

没有尚书令，却有尚书左丞，太宗的意图无比清楚：魏徵当下的服务对象，是曾任过尚书令的皇帝。

魏徵从此成了李世民私人住所的常客，个人关系也得到了长足发展；魏徵曾经辅助李建成的黑色经历，已成为二人不愿提及的陈年往事。

生活如果总是一帆风顺，那还有什么意思？在九曲十八弯中长大的魏徵，又一次面临考验。正当君臣二人相交甚欢时，一则消息不胫而走：魏徵做了有损国家形象的事情！有人拎着钱袋子偷摸进了魏府，出来时钱虽然没了，人却很灿烂。

再亲再近，也得有个尺度。一向泾渭分明的李世民听说后拍案而起：私人关系只能台下提，留在台上的，永远是国家利益。只要有损国家形象，危及帝国统治，不管多么的“雕梁画栋”，我李世民见一个拆一个！

李世民雷霆怒发完之后，直接将御史大夫温彦博找来，让他对魏徵的不良行径进行彻查，一定要搞清楚，魏徵“阿党亲戚”的罪名，究竟成不成立，如果成立，那就立刻逮捕并移交司法部！不过，最终的调查结果是，所谓的魏徵阿党亲戚纯属子虚乌有。

也许情报错误？也许有人嫉妒？也许——糊里糊涂？

但温彦博上奏李世民，排除“也许”因素之后，有一条罪状是成立的，那就是一向邋遢惯了的魏徵，说话做事“不存行迹”。正是因为不存行迹，才会导致形迹可疑，“虽情在无私，亦有可责”。

李世民听后连连点头，立刻授意温彦博对魏徵提出警告：以后说话做事不要太随意，要注意形象，注意自己的言行举止，作为朝廷重臣，不能总被人抓小辫子，传扬出去，有失体统。

既然没有犯罪事实，太宗皇帝打算大事化小，以观后效。

李世民想静下来，魏徵却非要动起来。他的心里很难过，他的自尊心受到了伤害，他需要发泄。

魏徵发泄的对象不是温彦博，他嫌力度不够。他直接找到李世民，要和李世民说道说道：“存行迹”毫无必要，只要官里子洁白无瑕，官表面溅上些泥点，丝毫伤不了大雅。倘若工作生活处处小心，时时谨慎，还要时刻注意“存行迹”，简直麻烦到家，把简单的问题复杂化，不是高效的工作模式。

“群臣协契，义同一体。不存公道，唯事行迹，若君臣上下，同尊此路，则邦之兴丧，或未可知”——忽略群臣之间契约的本质属性，过分追求表面文章，属于不正之风，任由这股不正之风狂刮，要说不翻船，我是不信。

魏徵说得李世民“瞿然改容”，连连道歉。不过他的一颗心，也因为魏徵提到的“契约精神”，稳稳地放了下来。李世民要的就是这句话，如果魏徵早点向他表明真心，李世民也不至于这么着急上火，兴师动众。

纵观李世民一生，尤其讨厌与顾忌的，就是有人“阿党”。拉帮结派、搞小集团、立小山头，你们究竟想干啥？

因此起初有人告发魏徵有阿党嫌疑时，李世民立刻充满警惕。虽然事后的一切证明魏徵是清白的，但温彦博的建议很有道理，当朝为官，必须存行迹！

他让魏徵存行迹，就是婉转告诫，一切都摆到面上，不要私下搞小动作。魏徵已经表明态度：他所恪守的，是君臣之间的游戏规则（协契、公道），而不是将这种规则视作游戏（简单地存行迹）。

两人坚持的，其实是一个东西。

知道魏徵没什么邪恶想法后，李世民的火气降了下去，但魏徵的火气又开始上升了。

您想让我做一个忠臣，还是做一个良臣？魏徵似乎准备谈古论今。处于被动地位的李世民充满迷惑：忠与良之间，有区别吗？

区别当然有，古代的稷（尧时代名臣，周的始祖）、契（尧的异母弟弟，商的始祖）、皋陶（尧舜时代贤臣，中国司法鼻祖）辅佐明君，千古留名，属于良臣；龙逄（被誉为“死谏开先第一人”，被夏桀所杀）与比干（被誉为“亘古忠臣”，被商纣王所杀）直言劝谏，最终身首异处，虽成就了自己的忠臣之名，却陷君于不义。忠与良之间，我想选择后者。

魏徵表面谈臣，实质论君。他想做稷、契、皋陶，是有前提条件的。

这个前提条件是，李世民只能做尧舜禹，而不能做夏桀、商纣。

一直将尧舜禹当成偶像的李世民，当然听得出这弦外之音。他最终含着苦涩的笑，赏赐魏徵五百匹上等布料。

魏徵凭着一股血气，引经据典地罗列出这些话语，似乎有点重——皇帝只是偶尔表达一下疑虑，提醒一下今后做事的方式方法，真没必要拿起棋子，在大庭广众之下，将皇帝的军。什么夏桀、商纣王，多难听！

把节约进行到底

贞观二年，魏徵从尚书左丞蜕变为秘书监（相当于国家图书馆馆长）。李世民的意思是，魏徵可以暂时休息一下，多抽出点时间，潜下心来，整理一下全国的典章图籍。

高昌国是西域一个国家，鞠文泰是这个国家的王。

贞观初期，李世民命令李靖、李勣、侯君集等人先后击败突厥、吐谷浑和高昌国后，高昌国王鞠文泰出于对强者的敬畏与依顺，准备入朝纳贡，顺带明确自己的臣子身份。

文泰起了个头后，西部一下炸了锅——既然文泰去了，我们也要去；既然文泰能做大唐的臣子，我们也要做，否则，就是看不起我们！

西域诸国表达完诉求之后立刻行动，拿上贡品，带上换洗的衣服，准备启程。李世民得知后非常激动，同时也很感动：西域小兄弟带着东西，不远万里要来大唐，精神可嘉。

远方来的，都是客！李世民已经迫不及待，立刻命令鞠文泰手下的厌怛纥干前往迎接。

魏徵默默完成手头的文案工作后，准备开口说话。

西域曾是一片在突厥铁蹄下苦苦挣扎着的土地，当西域人看着强大的宿敌被神奇的东土人灭掉时，怎能不充满感激之情？怎不想过来看看？对于这一点，太宗皇帝相当理解。

适当表达一下个人情感，抒发一下对盛世唐朝的敬仰，无可厚非——皇帝与他几乎所有的臣子意见出奇地一致。满朝的文武百官被喜悦与自豪充满，他们热血沸腾，时刻准备着参与谱写万国来朝的史诗篇章。

魏徵也充满喜悦，也想沸腾，不过做了几年秘书监的他，在浩如烟海的书籍中，找到了使自己冷静下来的理由。

精神上准备妥当之后，魏徵来到热气腾腾的朝堂，打开那张瞬间变空调的嘴，开始急剧降温：必须阻止成千上万西域人的“东进运动”。

千万别让他们来!

为什么？魏徵想干什么！！满朝文武，瞠目结舌！在皇帝与大臣们形成的强大包围圈中，魏徵孤独地唱起了“反调”，而且调门越来越高：以前鞠文泰往来中国的时候，前呼后拥数百人，吃喝拉撒睡加起来是一笔不小的费用，当时这笔费用全部由沿途的州县承担，现在呼啦一下子来几千号人，一路到长安，衣食住行，得花多少钱？战争的硝烟刚刚散去，西部州县仍处于贫困状态，哪有能力去承担？

倘若西域人来与我们做生意，搞互惠互利，那没问题。可是你们看看，他们带来的，除了敬仰感激与一点土特产外，剩下的，是几千张嘴和无数的饥饿眼神。大家不要忘了，建武二十二年（公元46年），西域人哭喊着请求东汉政府设置西域都护诸府时，光武帝不是一口回绝了吗？“盖不以蛮夷劳弊中国也。”

国家经历多年战乱，满目疮痍，百废待兴，现在才刚刚步入正轨，国库不充盈，百姓不富裕，社会需要静静恢复。穷则独善其身，达则兼济天下。现在我们穷，该节约就节约，能省则省，等将来富裕了，别说他几千号人，就是将整个西域搬过来，我们也欢迎！纳贡这事儿，以后可以，现在，不可以！

从另外一个角度讲，他们来了，如果由于接待应酬之事考虑不周，或轻或重得罪了他们，引发外交不愉快，到时更得不偿失。

室内温度降了下来，原本热闹的场面，逐渐趋于平静。

魏徵坚决主张节约，符合基本国情，找不出反驳的理由，李世民准备接受。魏徵的“空调”一关，李世民立刻下达命令：立刻将已出发迎客的厌怛纥干，追赶回来！

有关经济问题，魏徵说得不无道理，可他竟然拿汉朝的西域都护府设置问题说事，明显不合适：有关西域都护府的设置属于政治问题，政治问题不用讨论！

从公元640年（贞观十四年）起，李世民和他的后继者们分别设置了安东、东夷、安北、单于、安西、北庭、昆陵、蒙池、安南九大都护府。中国的版图进一步扩大，国际影响力越来越强，长安成了世界中心。

经济可以模糊，但政治决不能含糊。

节俭是相对的，手里有五毛的时候，花五分算浪费；手里有五万的时候，花五十算节俭。在几年的和平机遇期内，大唐实现了经济腾飞，国库里的钱越来越多。于是有人提出，是时候去泰山封禅了。

封禅是一种大型典礼活动，中国的古代帝王在太平盛世或者天降祥瑞之时，往往要去号称“天下第一山”的泰山祭祀天地，封是“祭天”，禅是“祭地”。

所有人都同意，除了魏徵——苦孩子出身的他，准备将勤俭节约进行到底。

面对魏徵的执著反对，李世民终于宇宙大爆发：你的意思是，我的功不够高？德不够厚？社会不够安定？外邦不够仰慕？时运不够好？五谷不够丰登？（“岂功不高耶？德不厚耶？诸夏未治安耶？远夷不慕义耶？嘉瑞不至耶？年谷不登耶？”）

现代人喊“耶”，是在表达欢愉兴奋。李世民喊“耶耶耶耶耶”，是在表达无比的愤怒。没错，你魏徵是面镜子，可为何总照不出我的好呢？

其实李世民的愤怒是有原因的。他曾私下里建议魏徵：我是一国之君，你在大庭广众之下，多少给点面子，别处处反对我。如果真有意见，面上先应承下来，私下再说。魏徵当时呵呵一笑：如果我面上先应承下来，以皇帝的办事效率，还没等我私下说，事儿已经处于进行时了。当年舜帝曾告诫群臣，不要当面不说，背后乱说（“尔无面从，退有后言”）。如果我先应后违，不是与当年稷、契辅佐尧舜的忠贤之道相左了吗？

魏徵有一副好口才，李世民既感慨，又无奈。连续无奈之后，是彻底地气急败坏：纳贡，你不同意人来；养鸟，你让它死去；封禅，你又来拦阻！你说，我一个皇帝，吃了一辈子的苦，能不能让我有点小爱好？该不该让我躺功劳簿上睡个小觉！别人都同意我去泰山封禅，为什么唯独你反对？！

魏徵呵呵一笑之后，开始口若悬河：陛下您的功劳是很大，但不是所有人都心怀感恩；您的德是很厚，但还没有厚到充盈漫溢；社会是很安定，但人与人之间的彼此信任，还没有完全建立；外邦是满怀敬仰之情，但有时他们的要求，我们仍然没有能力满足；好的时运已经到来，但天下仍有不平之事；五谷是很丰登，但老百姓家里的粮仓，仍没有填满。所以，现在去泰山封禅，条件还不具备。正如一个久病初愈之人，身子瘦得皮包骨，却还要让他扛起五十三公斤（一石）的米袋子，一天走上一百里的路，这可能吗？腐朽的隋朝战乱经年，您就像一位济世的良医，于苦难之中拯救国民，安定华夏，现在只能算良好，距离优秀，还有几步之遥。这种情况下去祭祀天地，到了那儿，能说点啥？更何况，封禅是件大事，到时又是万国来朝，普天同庆。可您看看，从洛阳到大海，苍茫千里，人烟断绝，鸡犬不闻，道路萧条，友邦邻国看到后，会怎么想？沿途吃喝招待，老百姓怎么解决？

魏徵的话讲完了，李世民沉默不语，史书上记载“太宗不能夺”。

不能夺，就是想夺。可面对能说会道的魏徵，李世民最终还是咬

一咬牙，挥一挥衣袖，勉强与梦幻中的封禅大典说拜拜。

其实，魏徵的话有点儿夸张。依据时间索引，有关泰山封禅的争论应该发生在公元640年前后。此时隋朝已经灭亡二十二年，中原虽曾惨遭蹂躏，但经近二十年的休养生息，已经今非昔比。贞观治理也已进行了十四年，其间没有发生大的洪涝灾害，当地政府也没有大兴土木搞面子工程，更没有征敛无穷无尽的税收劳役，人民安居乐业，社会安定团结。怎么可能“苍茫千里，人烟断绝，鸡犬不闻，道路萧条”？

君臣哪能没有磕磕碰碰

李世民表面平息，可心里的这股气，还是要找机会出一出。

魏徵曾做过道士，俗语称“牛鼻子老道”，可李世民偏偏当着满朝文武的面，千百次地唤魏徵为羊鼻子，让魏徵出尽了“羊”相。

后来李世民得知魏徵喜欢吃醋芹，又故意弄了许多放在朝堂上，魏徵看到后，不由自主走过去，风卷残云一气儿吃光，李世民立刻揪住辫子不放：你这羊鼻子总倡导节俭，现在一次吃这么多，算不算是浪费？

吃人家的嘴短，一向能说会道的魏徵竟也有口吃的时候。

不过李世民倒也不是真生魏徵的气，他要真生气，魏徵哪儿还有说的机会？君臣二人在磕碰中前行，在依靠中度日。

魏徵不止倡导节俭，还倡导礼制，是典型的二重“倡”。如果说倡导节俭，李世民咽咽吐沫还能够忍受，但魏徵倡导的礼制，在李世民看来，是最受煎熬的。

都说闺女是贴心小棉袄，闺女出嫁，对于当爹的来说，就等于忍痛割爱。在长乐公主（长孙皇后所生）出嫁的时候，李世民很想在嫁妆的传统规格上提高档次。聪明的大臣们立刻联名上书，建议长乐公主的嫁妆规格，要在永嘉长公主（李渊的女儿，李世民的妹妹）的基础上翻一番。

李世民点头同意，事情似乎已经确定。

魏徵得知消息后，立刻找到李世民，紧急叫停：当年汉明帝分封众儿子的时候，曾当着众人的面宣布，我的孩子怎能与先帝的孩子相提并论？他们分得的土地不能超过叔叔伯伯们的一半！永嘉长公主是先帝的女儿，您的妹妹，长乐公主的姑姑，既然多了一个“长”字，就应当受到后辈尊崇，因此长乐公主的嫁妆规格倍于永嘉公主的做法，不符合礼制。

李世民挑不出魏徵话语中的毛病，一转身去了内室。他要和妻子长孙皇后商量一下，毕竟嫁女儿时，老妈最有发言权。魏徵只是一个外人，外人的话他可以不听，但内人的话，一定要听。

长孙皇后深明大义，最终同意魏徵的意见，还将魏徵召进宫来，拜托他尽心辅佐皇帝，过程中遇到什么困难，尽管提。

临别时，长孙皇后赏赐给魏徵四百匹上等布料，外加一套住房。

皇后如此恩待臣子，世间少有，不过几年以后，魏徵却用自己特有的方式——一种“不近人情”的方式，回报给了长孙皇后。

公元636年7月28日，贤淑善良的长孙皇后去世，享年三十六岁。李世民一下子觉得，自己的身边变得空空荡荡。在炎热的夏季里，他的心却异常冰冷。

真性情的他，经常当着满朝文武的面痛哭流涕；退了朝回到家，又时常对着墙壁发呆。厚厚的墙壁，是满满的回忆。

长孙皇后十三岁来到他身边，三十六岁从他身边离去，相识、相亲、相爱，也就二十三年（巧合的是，贞观之治从626年到649年，也刚好二十三年）。二十三年对于李世民来说太过短暂，要说的话还没说完，要做的事还没做完，刹那间便已物是人非。

长孙皇后十三岁嫁给李世民，李世民登基十三天册封她为皇后，似乎是他对该数字的有意安排；从636年长孙皇后去世，到649年李世民辞世，时间间隔也是十三——似乎是某种刻意安排。

知天命之前，尽当下人事。失去挚爱的李世民开始“公然践踏”礼制，他不顾魏徵等人的强烈反对，将长孙皇后的棺椁安放在昭陵元宫之后，便开始在元宫外的栈道上大修宅舍，还派遣宫人侍卫居住把守。李世民的这一做法，明显违背了“只有寝宫安养供奉之法，而无陵上侍卫之仪”的礼制——在魏徵看来。

抗争仍在继续。

在“礼制”夹缝中抗争的李世民，开始失去“理智”：为缓解因揪心的思念带来的痛苦体验，李世民命人在皇宫中建起一座巨大的层观。在晚霞满天的傍晚，落日的余晖中，他频频登上层观，远眺昭陵，有时候，还会强拉上一些大臣，与他一起观望感怀。

魏徵你看见了吗？在那边，是我的一生牵挂!

不愿敷衍的魏徵告诉眼前的痴情人，他什么也没看到。

怎么会没看到？远处明明就是昭陵!

昭陵？哦，我以为陛下看的是献陵（李渊陵寝）！高祖去世也没多久（死于公元635年），您不去思念亡父，只去思念亡妻，在您眼里，还有“以孝为先，夫不祭妻”的礼教吗？别忘了您是皇帝，倘若带了这个不好的头，下面岂不乱了套？

当年长孙皇后可是亲手赐给魏徵四百匹布和一套住房，他转眼无情，是不是已经忘记了？

他当然没忘。他要是忘了，也不会这么做。

在魏徵有理有据的坚持与“打压”下，李世民的精神开始恍惚，眼前开始模糊，他在热泪中挥了挥手：“你说的没错，拆了这层观吧！”

李世民真的要将亡妻遗忘？当然不会。在皇帝的位置上处处“受制于人”，等走下皇坛，躺进昭陵之后，他便可以与身边的人儿自由地飞了。

长孙皇后死了，但皇帝的生活，还得继续。

两年以后，李世民收起眼泪，准备对抗新一轮的“攻击”：礼部尚书王珪上奏，三品以上朝廷官员遇到亲王下车恭迎恭送的做法，明显违反法律，也与传统礼制不合，应立刻废除！

王珪的仕途轨迹与魏徵类似，也曾是隐太子李建成旧臣，也做了李世民的谏臣，也是位“六亲不认”的主。

李世民忍无可忍：魏徵已经够我受了，现在又跳出一个王珪，又要玩什么新花样？一个个自视身份地位尊贵无比，眼里竟然没有我的皇儿们！

皇帝三年前失去父亲，两年前失去妻子，现在又要夺了他孩儿们的特权，是不是有点过分？自己应不应该挑这个头儿？看到李世民悲愤不能自抑，王珪开始思索，并随时准备战术退却。

哪里有礼数，哪里就有魏徵。

魏徵见王珪不再言语，立刻出来扛大旗：自古以来，亲王的身份地位均列三公之下，因此作为天子列卿与八座之长的国家栋梁，见到亲王下车恭敬的做法，以前历朝历代都没有，属于不良习惯，应加以改正。从另一个角度讲，让级别较高的朝廷大员给级别较低的亲王们行礼作揖，恐怕亲王们也承受不起。

魏徵的言语激怒了李世民：太子必然出于皇子中，可天总有不测风云，万一太子稍有闪失，皇位继承人是不是应该在亲王们中挑选？而每一个亲王都有可能是皇储，你们怠慢现在的亲王，就是轻慢以后的皇帝！

魏徵最终亮出绝招：商朝的开国君主行事质朴，如果哥哥去世，弟弟可以替代为王（商汤的大儿子太丁早逝，由次子外丙继位，外丙去世后，由弟弟仲壬继位）。不过那已经是很久远的事情。自周朝以来，立必长，如果太子早殁，皇位继承权会自然过渡到太子的儿子手中，而不允许其他亲王来做。为什么会立下这一规矩？就是为了防备皇族争位，造成残酷的祸乱与杀戮。作为一国之君，也许最不愿看到的，就是孩子们拿起屠刀，互相残杀!

李世民长叹一声，想起揪心往事。魏徵说得没错，悲剧只能演一次。

魏徵说的话是难听，可他究竟为了什么？为名？还是图利？整天着急上火地与皇帝争吵，为了一点事和所有大臣红脸，他为的什么名？身为一国的宰相，家里一穷二白，皇后赐给的那套房子，也不知转手施舍给了谁，他图个什么利？

前后谏言二百余事，针针见血，句句坦诚，处处为国家着想，时时为社稷谋福，惹得个一无是处，两袖清风——要论人心，魏徵真不是坏人。李世民想通之后，望着魏徵，怎么看怎么顺眼。

贞观之前，若论功劳与苦劳，房玄龄毫无疑问排第一，但贞观之后排在第一位的，就是眼前的这位羊鼻子——李世民对着包括房玄龄在内的众多大臣们，定了魏徵的论。

定论出来了，盖棺就已在不远处。

不过在盖棺之前，魏徵还是抢着时间，连连上书李世民，陈述自己的政治理念与治国方略。在众多的“书”中，有两道著名的“疏”，流传于世，流芳千年。

几年以后，魏徵已是病入膏肓。棺材也已经提前定制好，却没地方摆放——魏徵居住的房屋全是偏房，没有正房。

在追求寿终正寝的时代里，怎可能没有正房？李世民拉着魏徵的手哭完之后，立刻下令：将正准备修建宫殿的材料挪用一下，以最快的速度，为魏徵建造一座正寝，好让他能够安稳寿终！

时间挽救不了生命的时候，只能挽救名誉。皇帝一下令，工匠全开始拼命，五天时间，一座中规中矩的灵寝拔地而起。

李世民问魏徵还有什么遗言，魏徵引用了《左传·昭公二十四年》中的一句话："嫠不恤纬，而忧宗州之亡。"（寡妇不担心织布用的纬纱少，只担心有朝一日会亡国。）

魏徵一生都在引经据典，这是他人生的最后一次引用。

公元643年2月12日清晨，李世民一觉醒来，感觉神清气爽，因为他昨晚做了一个振奋人心的梦，梦到早已卧床不起的魏徵，忽然披衣下床，还能自己行走！

魏徵，真有你的！命和嘴一样硬，给我在家好好待着，别再来宫里烦我——我这就过去烦你。

李世民正要出门，忽然有人来报：魏徵已于昨夜去世。

什么？昨夜梦中不是能下床了吗？怎么就偷偷死了？我要亲自去一趟，万一他偷偷活过来呢？心存侥幸的李世民来到魏徵的家里，还是看到了不幸的画面。

十三年前杜如晦去世，李世民废朝三日。那时李世民正当壮年，三天以后，便可以化悲痛为力量。现在魏徵死了，李世民宣布，废朝五日，同时追封魏徵为司空、相州都督，谥号文贞。

前面说过，初唐谥号按照等级排名前十依次是：贞、成、忠、端、定、简、懿、肃、毅、宪。

魏徵生前的官职不是最高，但死后的谥号排到了第一。

从魏徵流传于世、流芳千年的两道"疏"（《谏太宗十思疏》与《十渐不克终疏》）中，我们仿佛看到一个从小失去爹娘的孩子，正在用一种忧郁的眼神和一种纯真的爱，涤荡着每一个人的心灵。

▷ 生于公元580年，祖籍巨鹿郡下曲阳县（现晋州市）；

▷ 公元619年，随李密归降唐朝，并成功招降徐世勣；

▷ 公元621年，成为太子李建成幕僚，官拜太子洗马；

▷ 公元622年，辅助李建成擒斩刘黑闼，平定山东；

▷ 公元626年，被李世民赦免，并任詹事主簿；

▷ 公元627年，升任尚书左丞；

▷ 公元629年，被任命为秘书监，开始参预朝政；

▷ 公元633年，代王珪任侍中；

▷ 公元642年，拜为太子太师，知门下省事如旧；

▷ 公元643年，因病去世，被追赠为司空、相州都督，谥“文贞”。

八方说辞

魏徵有治理国家的才能，性格又比较耿直，从不屈服于外界压力。

刘昫（生于887年，卒于946年，五代时期的政治家、史学家，后唐庄宗时任太常博士、翰林学士，《旧唐书》作者）

唐代李世民一定要先得到魏徵，刘备一定要先得到诸葛亮，然后才能有所作为，因为这两个人都是世上少有的能人。

赵顼（即宋神宗 ，北宋第六位皇帝，生于1048年，卒于1085年）

贞观中期敢于直接向唐太宗谏言的，首推魏徵。

赵翼（生于1727年，卒于1814年，清代文学家、史学家兼诗人）

第五章

房玄龄：大唐奠基者

有人追求完美，有人追求无为。对追求完美的人来说，凡事无所畏；对追求无为的人来讲，一切都无所谓。处于二者之间的，是“有所为，有所不为”。

凌烟阁二十四功臣排名第一的长孙无忌与排名第三的杜如晦，是“有所为，有所不为”的典型代表人物，他们充满人生智慧：世界上没有绝对的完美，凡事尽力而为。而排名在他们之间的李孝恭，则一心追求政治上的“无为”，也同样充满智慧：在堂弟李世民主宰的世界里，自己越无所为，李世民越无所谓，自己安分守己地当好王爷，李世民才能心平气和地去做皇爷。

凌烟阁二十四功臣排名第四的魏徵，一位追求完美的人，也充满人生智慧——他追求的不是自己完美，而是别人完美。魏徵日思夜想的，就是如何将李世民打造成一块洁白无瑕、被芳华充满的美玉，至于他自己美与不美，不是很有所谓。

我们本篇的主人公，凌烟阁二十四功臣排名第五的房玄龄，也是一位彻头彻尾追求完美的人。

追求完美的父子

从宋安郡守房翼（房玄龄曾祖父），到谒州主簿房熊（房玄龄祖父），再到泾阳县令房彦谦（房玄龄父亲），房家的官越做越低，官宦家庭出身的房玄龄，起初并不完美。

但他有一个追求完美的父亲。

房彦谦政治上的起起落落，并没有影响到他教育上的点点滴滴——房彦谦通涉五经，精通学问，房玄龄则很快成长为学霸，经史子集，无所不通；房彦谦工于草隶，毛笔在他手中，除了赚钱养家，还抒发情感，房玄龄充分继承父亲衣钵，草书名声在外，豪绘江山，挥洒文字；房彦谦为官清正廉洁，一尘不染，房玄龄做事兢兢业业，面面俱到；房彦谦尊老爱幼，以孝为先，房玄龄在父亲病榻前，悉心服侍达十月之久。

一个精通学问的脑袋，一只工于草书的手，一颗正直无私的心——房彦谦在平凡的岗位上，培养出了不平凡的儿子，他将“追求完美要从娃娃抓起”的教育理念发挥到登峰造极的地步。

有付出就有收获，在父亲的精心培养下，房玄龄十八岁就被本州官吏举荐为进士（青年房玄龄生活于隋文帝时代，升官、评职称的主

要方式是推荐，不是考试，真正的科举制度成于隋末盛于唐），并被授羽骑尉。

羽骑尉，隋朝武散官的一种，与武骑、屯骑、骁骑、游骑、飞骑、旅骑、云骑并称“八尉”。

有趣的是，房玄龄以羽骑尉入仕，以太尉离世，本是文人骚客的他，却是以小武官开始，以大武将结束。

从羽骑尉到太尉，究竟有多远？依照“西游”标尺，大概有五万四千公里，基本等同于从炊事班班长到海陆空三军总司令之间的距离。

羽骑尉虽然官儿小点，房玄龄父子却不是很在乎。因为他们追求的完美，不是在仕途上步步高升，而是无论处在什么样的位置，均能干干净净做官，清清白白做人，这样的仕途才是完美的。

当然，如果能够在干干净净中步步高升，就更加完美。

不过很遗憾，支离破碎的隋朝朝廷，将房彦谦父子追求完美的心切得七零八落。生性耿直的房彦谦，在周边魑魅魍魉的不断打压下，官职逐渐下降，脾气逐渐上升，由生气、生病，直至生命终结。

房玄龄在父亲的病榻前尽心服侍了十个月，在对腐朽隋朝的无比愤恨中，终于悟出了一个道理：洁白无瑕的官儿，只有在冰清玉洁的社会里，才能够晶莹剔透。

可惜没落的隋朝，是一摊浑水。房玄龄智慧地预见到，在隋朝这艘貌似平稳的巨轮下面，暗流涌动，暗礁密布。父亲死了，他对隋朝的心，也逐渐死去。埋葬父亲的同时，也把对隋朝的一点点依恋彻底埋葬。

想明白之后，房玄龄满血复活，走出门去，开始四处寻找。

碰撞出火花

公元617年，当雄才大略的李世民驰骋于渭河北岸的广袤平原时，招贤的大门始终是敞开的，各路英雄豪杰可以随便进出。房玄龄得知消息后，辗转来到渭北，“仗策谒于军门”。

对于人生，他想再试一下。

功是“追”来的，业是“求”得的，吃饱了倒在床上，大骂隋朝一千遍，也不能把隋朝骂死，把父亲救活。

只能另寻他路。史书记录房玄龄义无反顾地走上“造反”的道路时，用了“仗策”二字，气冲牛斗，势撞寰宇，一下子意境全出。

山东士族房玄龄，投奔了关陇贵族李世民。

对于南北朝及隋朝，史学界将社会贵族精英按照区域划分为三：位于关中和陇西的“关陇贵族集团”，位于黄河中下游的“山东士族”，以及位于长江中下游的“江南华族”。

房玄龄祖籍山东，属于典型的山东士族。李世民属于西北望族，是不折不扣的关陇贵族代表。两个出身迥然不同、身份判若云泥的人走到一起，却碰撞出了耀眼的火花，瞬间将关中引燃，并迅速向全国蔓延！

世上有两种东西，会产生无穷可能，一个是“时”，一个是“势”，二者频繁拥抱之后，英雄辈出。

识时势的房玄龄敲开了天之骄子李世民的门，并毅然决然地走了进去。史书记载，李世民一见到房玄龄，“便如旧识”，瞬间有说不完的话。从此，作为渭北道记室参军的房玄龄，在李世民的心中扎下了根。

渭北道记室参军，就是军队领导秘书。名声纵横渭河流域的房玄龄，怎么到了李世民那里，却成了普通秘书一枚？李世民是不是眼睛出了问题？

李世民的眼睛没有问题，是他的手“出了点问题”：赋予无限小的记室以无限大的权力。当官不能只看位置，还要看实质。而且，李世民当时也是个小官儿，还没有正式编制，手里的确拿不出什么诱人的职位。

不过房玄龄看上的是李世民这个人，不是他手中的职位。人是天（时势）造出来的，职位是人造出来的，对即将追逐完美人生的房玄龄来说，人造不如天造。

房玄龄积攒的各项才能，开始逐一展现。

唐军每攻取一处城池，房玄龄便开始遍地找人，不过不是帮自己找女人，而是帮李世民找能人。房玄龄搜寻能人的功夫相当了得，只要人没死，都能被他找到，而且一旦找到，不管当事人是多么地宁死不屈，多么地忠于旧主，在房玄龄面前统统不好使。

房玄龄究竟有什么独门秘诀，能让那些有才能的人，毅然决然地与旧日世界划清界限？因为房玄龄始终怀着一颗谦卑的心，为才子俊杰们描绘出一个光辉灿烂的未来。

除了为李世民找寻能人之外，房玄龄还有一个特殊身份——枪手。作为李世民的“御用”执笔人，只要领导有召唤，立刻拿出神笔，什么战争檄文、军事奏章、来往书信，从来不打草稿，一气呵成，而且表意准确，刻画精准。位于战争大后方的李渊看了连连称奇：真乃神来之笔！

找找人，写写字，对于房玄龄来说似乎仅是冰山一角。知人善任的李世民果断猜测，行伍出身（羽骑尉）的房玄龄，军事才能一定低不了。

什么是学霸？就是当你面对数学考卷，咬指头，吮笔头，费力伤神时，他却早已做完，放下笔，离开凳，做有氧运动去了。什么是完美学霸？就是你面对数学考卷，咬指头，吮笔头，费力伤神时，他却早已做完，翻过来，覆过去，疯狂检查，不考满分誓不罢休。

房玄龄是军事斗争领域内的完美学霸。

追求完美的房玄龄参与军事行动后，针对一个问题，能想出数种解决方案，却不知道哪种方案最万无一失，因为他认为哪种方案都不够完美。于是在房玄龄一连串的痛苦纠结中，杜如晦适时出现。房玄龄一下子看上了杜如晦，杜如晦立刻瞧上了房玄龄。高山流水，知音已现，二人一拍即合，“房谋杜断”四字成语也终于凑齐。

房记室谋略过人，杜参军果断勇敢，李世民喜笑颜开。

完美主义者房玄龄与现实主义者杜如晦的有机结合，是上天送给李世民的最好礼物。从薛举到薛仁杲，从刘武周到宋金刚，从王世充到窦建德，从刘黑闼到高开道……历史走马灯中的人物越来越多，但房、杜二人的茶，却从来没有凉过。

左膀右臂

借助房玄龄与杜如晦的完美配合，李世民建立了不朽功勋。他忽然觉得，原来不敢想或者没有时间去想的，现在必须抽时间想。他也隐隐约约感到，自己的未来身份绝不应只是一个王爷，至于是不是心中的那个什么爷，他有点吃不准。天上的环境他不太熟悉，只能去问地上的一个人。

公元621年，洛阳城破，被俘的王世充被押往长安，李世民走进洛阳城，短暂安顿之后，便带着房玄龄微服出行，去了一个月白风清的地方——玉青观。

仙风道骨的老住持王远知和他一见面，没有丝毫寒暄，直截了当地嘱咐秦王：为了国家，请时刻注意保重龙体。

远知——知远，大家都是文化人，一点就透，李世民闻听王道长的话后，也没有再做停留，拉起房玄龄的手，忧愁着离去——当幸福忽然来临的时候，人在狂喜之余，难免会患得患失。

隋朝陪都洛阳被李世民踏在脚下，他正是凭此丰功伟绩，被兴奋至极的李渊创造性地加封为“天策上将”。

李世民怀着一颗忐忑不安的心到达长安后，并没有主动向皇帝父亲要权，也没有直接向太子哥哥发难，而是悄悄地与房玄龄、杜如晦一起，搞起了文学馆。

文学馆，顾名思义，就是研究文字典籍、探讨古今学问的民间机构。只要喜欢文字，有点功底，又没有什么政治野心的，都可以进来。

但太子李建成执著他认为，所有进进出出文学馆的人，都是在作秀。

李建成准备出手了。

他告诉父亲李渊：天下需要以武攻、以文治，现在大唐的领土越来越广阔，迫切需要文人志士走出京城，到外地任职；秦王李世民开办的文学馆中有许多文人，特别是房玄龄与杜如晦，最适合外调——在外地开花结果，比挤在京城里争奇斗艳，要幸福得多。

心情复杂的李渊，最终接受了太子的建议，将李世民的心腹一个个调往外地。

倘若李建成将事情做绝，踢走房、杜二人的同时，也将长孙无忌与尉迟恭一脚开射，抑或房玄龄与杜如晦不约而同地吃了点什么，默默消失于孤寂角落里时，历史就很有可能被改写。

公元626年中，东宫与秦王府的矛盾彻底激化。李建成刀已在手，李世民箭已上弦，长孙无忌与尉迟恭则偷偷去了远方，将不愿涉入太深的房玄龄、杜如晦强行召回长安。

紧接着，玄武门那点事儿发生。

玄武门之变后不久，李渊在精神恍惚中走下皇位，另一个时代即将来临——两个月后，李世民登基称帝，年号“贞观”。

时不我待，无论从政治流程还是个人情感上，都要求李世民在第一时间做出反应：升一些人的官。房玄龄、杜如晦、长孙无忌、尉迟敬德、侯君集在玄武门立下盖世大功，理所当然被划为第一升官梯队。

房玄龄便随着这股东风，扶摇而上，从太子右庶子、中书令直至尚书左仆射，成了李世民的“左膀”；同时，完美搭档杜如晦如影相随，在李世民统一安排下，迅速来到尚书右仆射位置，成了李世民的“右臂”。

当然，在房、杜二人到来之前，为了确保位置空缺，李世民早已按照正规流程，将先前属于李渊“膀臂”的裴寂从仆射位置上“卸”了下来。

但李世民的叔父淮南王李神通有话要说。

裴寂下来我没意见，让房玄龄这个“刀笔之吏”上去，我李神通，无论如何都想不通！我要资历有资历（最早参加义师），要经历有经历（屡次在一线作战），要地利有地利（皇叔身份），凭什么让个只会舞文弄墨的骚客做宰相！别人都脱胎换骨，可我还是我，仍是那缕昨日烟火！

李神通可能不知道，压根不能跟李世民讲资历。若论资历，兄长李渊不知要甩他多少条街，还不是从皇帝位置上急流勇退？

李世民听出了叔父的不满，他也知道，将房、杜二人置于一人之下、万人之上，肯定会有人不服，李神通仅是其中一个突出的代表。不过正好可以趁此机会，敲打他们一下。

主意拿定之后，李世民说话毫不客气：你是首批参加义师的人，可咱们老李家自从举起义旗那一天起，便成了众矢之的。你要生存，除了革命一条路外，没得选择；你是在一线作战过，可屡战屡败，屡败屡逃。再看看房玄龄，足智多谋，运筹帷幄，决胜千里，坐安社稷，论功行赏，你理应排在人后！你是皇叔，可我不能因此以权谋私，让无功的人占了便宜，让有功的人吃哑巴亏！

竞技时，抓住对方弱点，可以一招制胜。李神通自以为抓住了房玄龄的弱点——玄龄上不了战场，可李世民一出手，直接抓了他的缺点——李神通扶不上台面。

看到李神通无言以对的窘迫模样，其他也想争取一下的人，再也不言语了。

完美的爱情

贞观初年，百业待兴，一切都要从头做起。身边的流言蜚语消失以后，房玄龄立刻全身心地投入工作。宰相的活儿原本就多而杂，再加上房玄龄本人追求完美的个性，结果完全将自我丢失，机器一样运转着。

房玄龄、杜如晦两位左右宰相一起运足内力，一人充当一根擎天柱，将大唐新体制这座“大厦”稳稳撑起。

李世民希望国家日新月异，却不希望房玄龄身心俱疲。将丰富多

彩的生活，过成了纤尘不染的寂寥，那活着还有什么意思？

于是，太宗皇帝决定，给玄龄一点风尘，让日理万机的房玄龄生活得有“趣味”些——送两个漂亮宫女到宰相府。

房玄龄平静的生活骤起波澜。

房玄龄本人觉得根本没这个必要，他确信结发妻子卢氏也会持同样的观点，可皇帝的话金口玉言，大庭广众下许了诺，怎可能说收就收？

再看看满朝文武，一个个要看好戏的样子，尤其是尉迟敬德，一张幸灾乐祸的脸，看了就让人心烦。房玄龄一阵抓耳挠腮之后，决定将皇帝送的“礼物”暂时收下。

可是他的心，充满深深的内疚。

房玄龄早年曾得了一场几乎要了命的大病，看着年轻貌美的卢氏对自己不离不弃，泣血服侍，房玄龄追求完美的心再一次受到伤害：自己这突如其来的病已经将妻子折磨得碎了心，枯了形，难道去世之后，还要让这可怜的女人守寡？当然不能。房玄龄告诉卢氏：自己去了之后，再找一个好人家，另外看看家里有什么值钱的东西，也一并拿去，体体面面嫁过去，省得人看不起。

悲痛欲绝的卢氏拿着刀自残发誓：嫁人只嫁一次，心里装一个人，就要一辈子。

弥留之际的房玄龄看着眼前血淋淋的现实，受到强烈惊吓与激烈震撼，便挣扎着活了过来。

渐渐病愈的房玄龄暗下决心：一切都是浮云，自己的结发妻子才是天边那片绚丽的彩霞。这辈子可能会与许多女人交流，但只会和这个女人交心。

可现在吹两片浮云过来的，却是太宗皇帝——当今最高主宰者、向来说一不二的人，房玄龄不敢不要。

但确实不能要！满朝文武没一个能商量的，只能回家和妻子商量。房玄龄怀着一颗惴惴不安的心，低三下四地将两个美人带到了家里。他准备先有一说一，再一致对外。

还有什么好解释的？都把人领到家里了，还要有一说一？摆明了是三心二意！卢氏一见到三人欲语还休的模样，顿时火冒三丈，有心拿起鸡毛掸子解决，又怕影响不好，只能鼻子一酸，失声痛哭。

乱了方寸的房玄龄于支支吾吾之中，还是将事情的来龙去脉讲清。

但卢氏一百个不信，轻飘飘几句话，就能洗清你的恶念？她拽起房玄龄出门，要面见皇上，当面对质。

皇宫内的李世民早已得知消息，稍作准备之后，打开大门，将二人迎进。看着怒气未消的卢氏，李世民立刻先发制人，拍案而起，指着旁边桌子上的一个酒坛：“人是我送的，你敢抗旨？！眼前两条路：要么接受，要么把这坛毒酒喝光！”

喝就喝！反正老房已经有了邪心，动了歪情，在屈辱中苟活，还不如一了百了！

义无反顾的卢氏将酒坛子打开，在房玄龄的哭泣声中，一饮而尽。

整个大殿很快充满酸酸的味道，皇帝与大臣们一起狂笑。

卢氏一愣，打着“醋”嗝，拉起房玄龄，英雄般地回了家。

他们回了家，关了门，可有关“吃醋”“醋坛子”的传说，却从门缝里钻出来，不胫而走。

事实证明，所谓的婚外感情，对一些人来说是沉醉，对一些人来说是累赘，对房玄龄来说是受罪。有人把婚外情当做生活调味剂，酸甜苦辣，这辈子都想尝尝，可对于房宰相一家来说，“被动婚外情”让卢氏尝爽了人间的酸，让房玄龄受尽了生活的苦。

感情的问题算是解决了，房玄龄终于可以静下心来，“虔恭夙夜，尽心竭节，不欲一物失所”。

对他而言，生活最好的调味剂是积极工作，工作最好的调味剂是追求完美（不欲一物失所）。

一个人心中有爱时，眼前的世界是彩色的；心中有恨时，眼前的世界是黑白的。房玄龄很清楚，妻子之所以大义凛然，勇吃大醋，是因为她心中有爱，是赤裸裸的爱的表白。

于是，被“小爱”感动的房玄龄，心中充满“大爱”——一向以追求完美为己任的房玄龄，悲天悯人地认为，尽管作为自己下属的文武百官没有一个是完美的，但不能因为人家不完美，就束之高阁，弃之不用，或者坚决破碎，无情打击。

于是，尽管要求自己“不欲一物失所”，但对于下级官吏，房玄龄“不以求备取人，不以己长格物，随能收叙，无隔卑贱”。

打造完美团队

既然不能创造一个完美个人，那就创造一个完美团队。

但完美个人与完美团队，在特定的时候，是一对矛盾——房玄龄准备用宽广的“爱”，去包容一切，理解一切，但李世民适时提醒他：“致治之本，惟在于审。量才授职，务省官员。若得其善者，虽少亦足矣。”

皇帝把话说得很明白：官员不图多，要精；治吏不能松，得审。

太宗将话说得又很含蓄：作为宰相，还需要将自己心中的爱，再放大些；与对国家的爱相比，对下属的爱，都是小爱。

这是李世民对完美团队的完美解读。

作为优秀政治家的房玄龄，当然理解领导的意图，于是很快，大刀阔斧的改革轰轰烈烈地开始了。

第一波，就是政府机构部门全国大裁员。

李世民指示房玄龄，直属中央的政府机构任职官员达到两千名，有点不正常，应该大力裁减。

话说起来简单，上下嘴皮一碰，就能出来，可真正把它付诸实施，实实在在地做出来，绝对不容易，因为裁员意味着要有人丢掉饭碗，要有人心痛。

对于地方官员来说，手中的饭碗属于流水线铁质产品，此处弄丢，别处找找，没准还能找回来，但对于京都长安中央级别的官员们来说，拿在手中的，可都是私人订制的纯手工金质饭碗，一旦弄丢，再到哪儿去找?

但太宗皇帝说得很明白，本次中央政府机构大调整的主要目的是“裁”，不是“轮”，是回收饭碗，不是相互交换一下继续盛饭吃。

眼看着房宰相磨刀霍霍地要对自己下手，一些不愿“坐以待毙”的官员们开始坐卧不安，开始四处奔走，最终形成气候——一股若有似无的抵抗势力，正逐渐形成。

这注定是冷冰冰的较量。那种在温暖和谐的氛围中谈谈心，展望一下未来，便让人乖乖交出金饭碗的想法太过浪漫。房玄龄很明白：夺了人家的碗，就是碎了人家的仕途未来，得罪人是必然结果。

房玄龄感受到前所未有的压力，他找到杜如晦，打算商量一下未来的路，究竟应该怎么走。

房玄龄首先提出几种具体实施方案，但感觉都不合适。特别是对于先拿原秦王府的人开刀的想法，房玄龄讲出来之后，自己都不住摇头苦笑。

杜如晦握紧老搭档的手：咱就这么办!

杜如晦认为，这次自上而下的改革，最大阻力不是来自于偏僻角落，而是来自于皇帝周边。只要将皇帝身旁的近亲旁支修剪整齐了，再对付其他招展着的花枝，就要好办得多。

不过秦王府可是皇帝梦开始的地方，原来府内不断隐现着的脸庞，对于太宗来说，可都是满满的回忆与情感，因此在将皇帝剪成“一枝独秀”之前，一定要征询一下本人的意见。毕竟，他是本次裁员运动的始作俑者。

结果李世民的回答简单而明确：人君当以天下为公，而不能为己之私产，你们放手去干，我决不会因私人徇私情，为私人谋私利!

皇帝的话是风向标，是尚方剑。

有了李世民的支持，两位宰相开始对秦王府大刀阔斧起来，针对当事人哭爹喊娘、上蹿下跳的挣扎表现，房、杜二人毫不理会，直接拎起来，菜市场走走，不值几个钱的，立马舍掉——不是老百姓的菜，就不是国家的蔬，老百姓心里的秤称不出斤两的，压根儿就不往国家天平上放!

李世民躲在幕后，对于前台传来的阵阵哭泣声，假装没听见。

秦王府的事情一解决，其他的都不是事儿。一番动作下来，两千京官被裁去近七成，只剩六百四十三人。六百四十三这个数字读起来也不少，然而，有比较才有鉴别，宋朝仁宗时期的京官，达一万七千人。

唐太宗依据事情设官，宋仁宗依据人情设官。

中央的事儿一了，房玄龄，杜如晦便开始着手整治地方，针对“两多一少”（行政机构多，官吏多，老百姓少）的情况，大加并省，裁减州县，将全国仅划分为十道、三百余州、一千五百个县。

唐初的这次裁员无疑是成功的。去伪存真，去粗取精，奠定了贞观之治乃至有唐一代的政治基础。这是历史上第一次大裁员运动，它成就了一个伟大的朝代。可历史上第二次大裁员运动，却葬送了一个伟大的朝代——明朝末期，面对日益庞大的官僚集团，崇祯皇帝雄心壮志，义无反顾地走上政府机构改革之路，并一去不复返。与李世民自上而下的改革相反，朱由检采取了自下而上的改革方案，过程中狠抓次要矛盾，对贪污成性、腐败成风的大官僚置之不管，对处于官级最底层的驿站小吏却痛下杀手，最终将那位在平凡岗位上默默生存的驿站小吏逼疯。驿站被无情取缔之后，失业人员李自成喝着西北风揭竿而起，将崇祯逼死在树影婆娑的景山之巅。

对于官员体制，李世民的战略思维是少而精，现在“少”的问题完美解决，“精”的问题立刻摆在房、杜两位宰相面前。“致治之本，惟在于审。量才授职，务省官员。”李世民掷地有声。

如何让余下的官员“精”起来？皇帝的指导性意见是“审”与“省”。

房玄龄、杜如晦简单商量之后，有关政治体制的第二波改革开始，重点是治吏，手段是立法，目标是保证各级官吏一心一意搞建设，两袖清风建功业。

先立法，再“立”人。房玄龄、杜如晦在《武德律》的基础上，经过深入思考、论证，编制了一部划时代的、类似现代刑法的依据性文件《贞观律》，并分别在第九卷、第十卷、第十一卷，给出了专门用于“治吏”的五十九条，合称《职制律》。

这部由房、杜二人经过无数个日日夜夜亲手创制的《职制律》，内容广泛而具体，可操作性强，使用起来非常方便。

《职制律》涉及“五刑”，为了保证接下来的内容能够被充分理解，需要先科普一下有关“五刑”方面的知识。

在中国奴隶社会，存在墨刑、劓刑、大辟、宫刑、刖刑五种极其残酷的刑罚，均是通过对人体组织做减法来达到惩治目的：墨刑是对脸上的肉做减法，劓刑是对鼻子做减法，大辟是减去人的头颅，宫刑是减去人身体的某一部位，刖刑是减去人的手足。

到了封建社会，人类文明得到发展，刑罚方面，相对于古代五刑来说，要“温柔”些。隋文帝时代颁布的《开皇律》规定了五种法定的刑罚：笞、杖、徒、流、死。简单理解，就是抽你、拍你、劳你、走你、灭你。

笞刑，是用细荆条抽屁股，按照抽打次数分为五个等级：一十、二十、三十、四十、五十，每等加十。

杖刑，是用粗荆条抽屁股，按照抽打次数也分为五个等级：五十、六十、七十、八十、九十、一百，每等加十。

徒刑，是戴着镣铐参加义务劳动，按照劳动时间，分为五个等级：一年、一年半、两年、两年半、三年，每等加半年。

流刑，是戴着镣铐去远方参加义务劳动，按照空间距离，分为三个等级：离家两千里、离家两千五百里、离家三千里，每等加五百里。

死刑，即剥夺人生存的权利，按照身体的完整程度可分为两个等级：绞、斩。

房玄龄、杜如晦在编制《贞观律》时，充分借鉴了《开皇律》中有关刑罚的内容，在量刑定罪上，相对于《开皇律》，又有所减轻。

科普完毕。

为了防止出现官员数量再次泛滥，路边的野官儿遍地开花的现象，《职制律》明确规定：诸官有员数，而署过限及不应置而置，一人杖一百，三人加一等，十人徒两年。

也就是说，对于特定的职位，人员编制的方式、数量都有明确规定，倘若哪位领导一时头昏脑热，搞了许多编外人员进入仕途，一定会有人被打屁股。编制超一人打一百，超三人打一百一十，超过十人，干两年苦力。

打谁？当然不是进入编内的“编外人员”，打的是为特定人群狂开绿灯，动辄就签字盖章，黑夜中频频收取好处费，身体与精神受到严重污染的贪官腐吏。

当然，打人不是最终目的，最终目的是维持官员的去留平衡，避免求职者连绵不绝，官员泛滥一发而不可收的情况发生——既然好不容易将全国的官吏裁减到正常状态，就要采取强有力的法律手段去维护。

针对官员在正常上班时段内的迟到早退现象，《职制律》也有相关规定，官员每日都要“点检”（类似于学校学生的点名，单位员工的刷卡或刷脸），“若点不到者，一点笞十”。迟到或早退一次，细荆条会狂抽屁股十下。

如果不慎迟到，为了减轻皮肉之苦，能不能暂时让屁股背一下黑锅？

当然不能！屁股与黑锅又不是无缝契合，揭下来很容易。

不过话说回来，作为国家正式干部，平时有头有脸的人物，倘若总是迟到、早退，时间久了，不止屁股红，脸也会红。

是不是存在有制度不遵循、有法度不执行的现象？肯定存在，但不会多。房宰相是一位追求完美的人，该打而不打，让他知道后，后果会很严重。

点检只是“特征点”控制，在上班、下班两个时间点上，点点名，如果都在，就算满足要求。

一早一晚都在，不早不晚时溜号怎么办？

那就要进行全过程控制。

所谓全过程控制，就是不仅仅控制你的工作过程，还要控制你的休息过程。

《职制律》的规定很明确："诸在官，应直不直，笞二十；应宿不宿，笞二十；通昼夜者，笞三十"。

该上班不上班的，要打；不该上班却上班的，也要打；上班上瘾，忘记休息的，更要打！

黎明时分放下手头的工作，在身心疲惫中努力睁大眼睛，看着自己的躯体被人拖出去狂扁，这是什么节奏？

加班非但不给加班费，还要挨打，房玄龄、杜如晦的做法，似乎太不近人情。

不过二人几乎是异口同声：政府分配的工作，只要合理利用上班时间，均可顺利完成，为什么还要加班？加给谁看？人的精力是有限的，晚上加一宿班，白天撒半天癔症，这不是什么好模式。

国家刚刚裁去那么多人，留下来的可都是精英，如果你们前仆后继地想通过加班来透支身体，我们决不答应！为了更好地工作，你们要更好地休息！房玄龄、杜如晦没学过辩证法，也没研究过方法论，但是他们懂。

可两位宰相只会将该项条款用到别人身上——为了国家，他们"虔恭夙夜，尽心竭节"，一如既往地加班加点。

一个人的谢幕

公元630年，不幸发生了。贞观之治刚刚进行到第四个年头，杜如晦溘然长逝，时年四十五岁，病因是积劳成疾。

聚散苦匆匆，此恨无穷。今年花胜去年红。可惜明年花更好，知与谁同？

大唐的根基刚刚打牢，杜如晦便撒手而去。李世民失去了一条膀臂，房玄龄失去了半个人生。君臣二人每每追忆起点点滴滴的过往，总觉得和杜如晦在一起的日子太短暂。房知杜之能断大事，杜知房之善建嘉谋。房谋与杜断，一段佳话，两段传奇，随着杜的离去，也最终烟消云散。

“帝定祸乱，而房、杜不言功；王（指王珪）、魏（指魏徵）善谏，而房、杜让其直；英（指李勣）、卫（指李靖）善兵，而房、杜济以文。”

一对儿完美搭档，成就了满朝和谐。

军事、律法、典章、礼制，甚至建筑，处处留有房、杜二人的影子，现在杜如晦忽然离开，房玄龄变得茕茕孑立，形影相吊。在阴霾的日子里，午夜时分，房玄龄独自凭栏听雨。

公元631年，房玄龄提出请求，希望能带父亲房彦谦的遗骨回老家安葬，李世民立刻同意，一来是想让房玄龄抽空尽尽孝道，二来是想让他出去走走，调节一下身心——杜如晦积劳成疾，最终不治，教训是惨痛的，代价是巨大的。

可房玄龄回来之后，又一心扑向工作，李世民立刻揪心提醒，做事情一定要懂得抓大放小，无关痛痒的事，可以交由下面的人做，宰相的事情千千万，一件件地做，迟早得累死。

房玄龄理解皇帝的苦衷，口头上答应多休息，私底下依然如故，追求完美的个性促使他事无巨细，每每都要亲自过问，看得太宗皇帝连连摇头叹息。

李世民看着房玄龄孤单忘我工作，想给予补偿。目前唯一能做的，就是继续升房玄龄的官。

公元634年，因房玄龄护高祖山陵制度，加封开府仪同三司；636年，封梁国公；638年，加封太子少师；641年，进拜司空；643年，加封太子少傅，仍总领门下省事务。

房玄龄是历史上为数不多的、在活着的时候被加封为文职司空的人，以至于他死时没有更高的文职官衔了，只能追封为武职太尉（武职最高荣誉称号）。

其实李世民有时也很矛盾：看到房玄龄疯狂工作便心生怜悯，听说房玄龄小病休养便小心斥责；因房玄龄完美结束工作而倍加欣慰，对房玄龄追求完美的个性却颇有微词。

矛盾相互斗争的结果是：房玄龄只能事事完美，时时无瑕，一旦有所失误，哪怕是一丢丢，便会招来皇帝不满。

一向谨小慎微的房玄龄立刻惊恐万状，似乎人生这道坎再也迈不过去，整日跟在李世民屁股后面不住道歉，不停认错。

一次，一件鸡毛蒜皮的小事惹得李世民大发雷霆，直接撤了房玄龄的职，让他在家静养。黄门侍郎褚遂良赶紧上疏，好话说了一大筐，李世民才渐渐消气，君臣二人重归于好。

李世民有时看不惯房玄龄事无巨细的做事风格，却时时离不开他。有一次他想提拔司农卿李纬做民部尚书，又担心房玄龄不同意，便派人打探房玄龄对此事的看法。线人回来禀报：房宰相也没说其他的，只是说李纬总喜欢打理他的胡子。

李世民听后，立刻改授李纬为较低级别的洛州刺史——一个只注重外表的人，内在的东西肯定欠缺。

离开杜如晦的日子里，李世民对房玄龄既无限依靠，又有意疏远，而同一时期，另一个人却频频闯入皇帝视野。这个人，便是魏徵。

李世民说过，贞观之前，房玄龄的功劳可以排第一；贞观之后，功劳排在第一位的，是魏徵。

李世民说这话的时候，房玄龄与魏徵可都在场。

不过李世民也许忘记了，贞观之治的起始时间是公元627年，627年到630年的三年时间内，房玄龄与杜如晦作为国家政策的制定者与实施者，正夜以继日地为大唐打地基，而此时的魏徵，还只是一个五品谏议大夫。

公元644年，也就是魏徵去世后的第二年，李世民带着皇太子李治与大批官员御驾亲征，东击高句丽，留下房玄龄与李大亮留守都城长安，负责处理日常政务。

对于东征举动，房玄龄从内心深处来讲是相当抵制的。但他不敢说，他怕触怒龙颜，以至于第一次东征回来之后，李世民当着满朝文武的面不住抱怨：如果魏徵还活着的话，一定会阻止我东征！

李世民的言外之意很清楚。

说归说，在接下来的日子里，李世民仍想完成一项壮举——彻底打垮高句丽！杨坚东征失利了，杨广东征失败了，我李世民一定要成功！

公元648年，李世民准备再次东征，但房玄龄忽然旧病复发，一下卧床不起，李世民顿时心慌意乱，立刻做出指示，将房玄龄的家搬到总留台，这样距离皇宫近点，方便探望。

后来他还是觉得距离不够近，干脆将宫墙凿了一个大窟窿，直接穿墙而过，有什么风吹草动的话，可以第一时间知道。

但这仍没有留住房玄龄的命。在离开人世之前，房玄龄终于大胆了一回：上疏皇帝，反对东征！一个行将就木的人，一只颤抖着的手，一篇发自肺腑的文字，一颗赤诚报国的心。

公元648年8月18日，房玄龄病逝，时年七十岁。

公元649年7月10日，执意进行第三次东征的李世民突然驾崩。

【大事记】

▷ 公元579年生于齐州临淄（今山东省淄博市临淄区）；

▷ 公元617年，于渭北投李世民，任秦王府记室；

▷ 公元626年，参与策划了玄武门兵变，帮助李世民谋得帝王之位，因功进爵为邢国公；

▷ 公元629年，改封魏国公，为尚书左仆射，监修国史；

▷ 公元635年，以功加封开府仪同三司；

▷ 公元637年，封梁国公；

▷ 公元639年，加太子少师，留守京师；

▷ 公元648年，与世长辞，终年七十岁。被追赠为太尉，谥号“文昭”，陪葬昭陵。

八方说辞

唐太宗在晋阳举兵，平定了隋朝末年各方叛乱，是因为刘弘基、李勣、李靖、房玄龄、杜如晦等人用心辅佐的缘故。

归有光（生于1507年，卒于1571年，明朝著名的散文家、古文家，著有《震川先生集》《三吴水利录》等）

房玄龄辅佐唐太宗平定天下，在宰相的位置上前后有三十二年，并善始善终，天下人都称他为一代贤相。

柳芳（唐代杰出的史学家，著有《国史》《唐历》）

房玄龄与杜如晦两位宰相，均凭借他们出众的个人能力，又遇上了明主李世民，二人共同谋划，协调一致，同心协力，最终将天下治理得井井有条，一片太平盛世。

刘昫（生于887年，卒于946年，五代时期的政治家、史学家，后唐庄宗时任太常博士、翰林学士，《旧唐书》作者）

第六章

尉迟恭：一代战狂

一间破旧的房子，一架破烂风箱，一座漏洞百出的火炉，一排奇形怪状的工具，一大堆黑炭，一张黑炭似的脸。

风箱推拉之间，炉中火苗时隐时现，宛如一个个争先恐后要展现自我的跳动音符。在光影之中，一人右手握住铁锤，左手抓住铁钳，正大汗淋漓。

在铁锤起落之间，原本毫无规则的通红铁块，被锻造成圆、方、平、尖等形状。经过淬火、覆土、切削、定型、打磨、酸洗、抛光等一系列百转千回、余音绕梁式的后期处理加工，一个有模有样的铁制品出现了。

尉迟敬德虽做不出倚天剑、屠龙刀式的殿堂级作品，但犁耙、锄头、镰刀等农用工具，他还是能够信手拈来。

打铁还需自身硬。尉迟敬德在锻造铁器的同时，也“锻造”了他自己：在持续使用蛮力捶打的同时，需要时刻调整自己的身姿，以躲避锻造过程中的火花四溅。日积月累的打铁经历，使他逐渐拥有了两项超能力——神奇的力量与灵活的动作。

唯一的代价是，脸被炭火越烤越黑。

有固定的工作，有一定的收入，显然，小铁匠尉迟敬德已经乐于说服自己，要满足当下的生活。

敬德要安于现在，可未来却在不断撩拨他，使他不得安宁。

相传在隋朝末年，朔州城有一位家徒四壁、穷困潦倒的书生，因生活所迫而去一家银库“借钱”，却被一位穿金盔金甲的人当场拿住。金甲人了解了具体情况之后，告诉书生，这家银库的拥有者是一个叫尉迟敬德的人，要真缺钱，就去找敬德，让敬德开个介绍信过来，他看到信，才能放钱。

书生找遍了朔州城所有的富人区，都没有尉迟敬德的踪迹。难道拥有一家银库的尉迟敬德，不属于富人阶层？

书生最终在一家铁匠铺中找到了一位自称是尉迟敬德的人。等对方停止作业后，书生才对着那张黑色的脸说明来意。他担心尉迟敬德听完之后脸会更黑，没想到尉迟敬德是位热心肠，自己尽管云里雾里，仍拿出纸和笔，写下一份许诺书，答应无偿赠予书生五百纹银。

一晃几十年过去，功成名就的尉迟敬德荣归故里，太宗皇帝有感于尉迟敬德曾经的巨大功绩，以及对自己的三次救命恩情，决定将朔州城中的一处银库赐予他。敬德拿着地址和清单回到家乡，顺利找到银库，一番清点之后，发现少了五百纹银。

他看到房梁上有张发黄的纸条。

这仅仅是个传说。

从“打铁”到“打人”

尉迟敬德，又称尉迟恭，初唐时期超级猛将，凌烟阁二十四功臣排名第七。

尉迟本真，尉迟恭的曾祖父，传说中的后魏中郎将、冠军将军、幽州制史；尉迟孟都，尉迟恭的祖父，传说中的北齐左兵郎中、金紫光禄大夫、北周济州刺史；尉迟伽，尉迟恭的父亲，传说中的隋朝仪同、汾州刺史、幽州都督。

与长孙无忌、杜如晦、魏徵、房玄龄的祖宗们相比，尉迟恭的祖上充满神秘色彩——似乎做过官，又似乎没做过。

历史没有明确记载的官都是虚官。但是尉迟伽幽州都督的官职倒是“实官”，那是他死去多年之后，依靠儿子尉迟恭的辉煌功绩，被大唐君主追赠的。

其实对于尉迟恭的出身，他本人已经说得很清楚：“敬德起自幽贱，逢遇隋亡，天下土崩，窜身无所……”

有关尉迟恭的另一则传说是，他们不是汉人，而是鲜卑后裔，因为“尉迟”姓氏本出自北魏鲜卑尉迟部。

似乎有一定道理。

不过学者们在经过一系列考证之后，得出结论：尉迟恭是彻彻底底的汉人，尉迟姓氏，是北魏的当政者赐予的。

祖先荣耀与否，姓氏的来龙去脉都已成过往云烟，对尉迟恭来说，过好当下才是最重要的。

可是树欲静而风不止。隋朝末年，群雄争霸，天下大乱，朔州善阳的那家铁匠铺也终于关上了门，尉迟恭怀揣着两项超人能力，走出善阳，放眼外面的世界，开启人生第二旅程。

力大无穷，“打人”时具有明显优势；善于躲避，又能够有效地避免被人打，很显然，敬德要是从打铁行业转到“打人”行业，必然要占尽优势，于是他参了军。

按理来说，出身穷苦人家，应该投靠穷苦人领导的队伍，可此时的尉迟恭对各路义军都不感冒。他认为打乱他平静生活的不是隋朝政府，而是各路反叛者，于是义无反顾地参加了高阳县（河北保定高阳县）政府军，并在平定各路起义军的过程中崭露头角，被隋朝政府授职散朝大夫。

散朝大夫，隋文散官，五品十三阶——明明以勇武出道，又是在与人打架的过程中出人头地的尉迟恭，却被授予一个文职，江河日下的隋朝腐败政府，已经彻底晕头。

跟一个已经迷失方向的旧政府，不如随一个目标超明确的新政权。尉迟恭与起义军交战数年之后，忽然转向，伸手接住了刘武周（义军领袖之一）伸来的橄榄枝。

可是他不知道，刘武周比隋炀帝更不靠谱。他最初的起事，完全是因为儿女私情：身为隋鹰扬府校尉的刘武周，与顶头上司王仁恭（时任马邑太守）身边的丫鬟勾搭成奸，唯恐事情败露，于是纠集张万岁、杨伏念、苑君璋等人发动武装叛乱，杀死王仁恭，随后破楼烦、取汾阳、攻占雁门关，并勾结突厥，准备等时机成熟之后，一举南下，攻克太原，入主关中。

处于“事业上升期”的刘武周很清楚，当下最缺的就是人才，当他听说尉迟恭的过人本领后，立刻带上金银玉帛前去招揽，并获得了成功。尉迟恭在刘武周的手下，终于拥有了正确的名分——被封为偏将。副将、偏将、裨将、牙将，在武小将群中，敬德的排名很靠前。

职位是小点儿，但起码是武将，比起隋朝的散朝大夫来，要舒服得多——知足的尉迟恭，把刘武周当成了自己全部。

但是显然，尉迟恭在刘武周的盘子里，只是一小部分，宋金刚才是那“一大部分”。

宋金刚原本是易州（河北易县）一支义军的领袖，后被河北“大鳄”窦建德击败。宋金刚急速西逃，刘武周快速收留。刘武周知道宋金刚很会用兵，只不过缺少施展的舞台，便把他招揽过来。

有了宋金刚与尉迟恭之后，刘武周打算退居幕后。他将军事指挥权全部交给了宋金刚，还将自己的妹妹许配过去，同时将特别能打架的尉迟恭也一并送给了宋金刚。

人事安排妥当之后，刘武周再也不愿偏安一隅。他任命宋金刚为西南道大行台，立刻南下。他想利用大唐深陷西部战场、无暇东顾的有利时机，以最快的速度占领大唐李氏龙脉的发源地太原，随后马不停蹄，再复制一次李渊西进称帝的模式。

这也难怪，皇帝谁都想做。在李渊入驻长安之前，隋朝天子还是名义上的最高统治者，金色绣球还在隋炀帝手中，各路义军还在观望、徘徊。等到李渊横空出世，以迅雷不及掩耳之势将绣球抢到手中时，大家才真正闻到血腥的味道。饿狼般的眼睛纷纷射向长安，刘武周便是七匹狼中的一匹——他是匹白眼狼（杀死自己的恩人王仁恭）。

刘武周想走“李渊路线”：李渊拥有李建成、李世民、刘弘基，刘武周拥有宋全刚、尉迟恭、陈智略；李渊面向突厥称臣，刘武周已向突厥示好；李渊钻隋朝空子突袭长安成功，刘武周钻大唐空子突袭长安。

站在客观角度讲，刘武周当时的想法很现实。宋金刚与尉迟恭也确实没有令他失望：在榆次黄蛇岭打得大唐车骑将军张达全军覆没，在介休打得大唐尚书右仆射裴寂全军覆没，在崔鼠谷打得大唐太常卿李仲文全军覆没，在晋阳打得大唐太原留守李元吉抱头鼠窜。

晋阳失守，标志着大唐势力在山西的彻底衰落；老窝被端，是李元吉心头永远的痛，从此他记住了两个人——尉迟恭和宋金刚。李元吉日日夜夜发誓，一定要杀死这两个使他颜面尽失、尝尽苦头的人。

不过可惜的是，宋金刚没有等到那一天，他最终死于突厥人之手；可悲的是，李元吉也没有等到那一天，他最终死于尉迟恭之手。

宋金刚与尉迟恭攻占晋阳后，一路势如破竹，连下平遥、临汾、夏县、蒲州、晋州、绛州、浍州等地，与当时李渊的行军路线出奇地相似。

刘武周的闪电战术引发了大唐高层地震，裴寂与李元吉的相继失利使得李渊如坐针毡。为了挽救危局，李渊诏令永安王李孝基、工部尚书独孤怀恩、陕州总管于筠、内史侍郎唐俭兵分四路讨伐刘武周。

对于不善于打仗的人，分再多路也没有用。

李孝基、独孤怀恩、于筠、唐俭四人渡过黄河以后，经过充分研讨，天才性地预见到，如果与宋金刚硬碰硬，则必输无疑。他们创造性地提出：应避重就轻，先找软柿子捏，攻打刘武周的精灵鼠小弟——夏县的吕崇茂。

“硬柿子”宋金刚得知唐军的最新动向后，直接把“硬骨头”尉迟恭派过去支援吕崇茂。尉迟恭与副手寻相一到夏县，立刻与吕崇茂里应外合，唐军又一次全军覆没，李孝基、独孤怀恩、于筠、唐俭纷纷成了俘虏。

李渊不知道自己是在梦中，还是已到了梦醒时分。前一刻金戈铁马、气吞万里如虎的是自己，下一刻便换了人间，这种巨大落差令他难以承受：“贼势如此，难于争锋，宜弃大河以东谨守关西而已。”

李渊打算放弃山西老家，固守关中。不是自己有多害怕，而是尉迟恭太强大——能够一战而将李孝基、独孤怀恩、于筠、唐俭四员大将全部俘虏的人，不太像人。

李渊打了退堂鼓，但除了裴寂之外，几乎没人响应，李世民更是坚决反对。他很郁闷，为什么父亲派了这个派那个，却唯独将他落下呢？派一些精兵强将过去也行，可派过去的这些人，全是别人的菜！丢人，实在是太丢人！

并州物华天宝，河东人杰地灵，决不能轻易放弃！给我三万人马，定能诛灭刘武周，杀死宋金刚，活捉尉迟恭，收复晋阳城！史书记载，李世民在说这番话的时候，“窃愤恨”。李世民在恨什么?

他恨的东西，其实很多。

不过将最能打的儿子派过去收复失地，李渊何尝没有想过?

李世民浅水原一战干掉了难缠的薛举、薛仁杲父子，战功一下子超越太子李建成，这对于将来大唐权力的顺利交接，不是一件好事。而且刘文静事件使得党派斗争由隐性走向显性，从犹抱琵琶半遮面到打开窗户说亮话，李渊担心在亲情扭曲之后，局面会彻底失控。

为了不至于权力失衡，也为了未来李建成能够安安稳稳地当皇帝，李渊打算暂时“雪藏”李世民。因此即使在山西存亡一念时，他仍接二连三地派文职人员过去应付。

但是很显然，被派过去的这些人根本应付不过来，逃的逃，坐牢的坐牢，出尽了洋相。即便如此，李渊宁可“宜弃大河以东谨守关西”，也没有让李世民出征的意思。

可是李渊忽略了重要的一项——明白人的呼声。李渊的消极做法遭到群臣的强烈反对，大家一致认为，大唐这台电脑不是死机便是烧主板的根本原因，就是没有启用键盘高手李世民。

公元619年10月12日，李渊举关中所有精锐尽送李世民，并亲自在长春宫为李世民把酒壮行。

形虽未动，势已逆转。李氏家族经营太原多年，走向成功的路上又被老百姓称为“义师”，再加上刘武周的个人品德修养欠佳，宋金刚穷兵黩武的作风太差，河东地区的广大人民群众，早就盼望着唐师东归。

当李世民举杯的那一刻，刘、宋、尉迟三人的命运就开始发生转变：刘武周与宋金刚头也不回地走向坟墓，尉迟恭走向坟墓时回头看了看，发现自己身后竟然还有条阳关大道。

命运的逆转

李世民的脚一踏入山西，便给了尉迟恭一个下马威——尉迟恭与寻相解了夏县之围以后，押着李孝基、独孤怀恩、于筠、唐俭等四样高级战利品，凯歌狂奏一路，准备回师浍州，途经美良川时，突然遭到一股唐军小分队的伏击，尉迟恭与寻相的情绪根本来不及调整，便在下意识的支配之下，拼命突围，疯狂跑路。

有人据此认为，尉迟恭打不过秦叔宝。因为领导这支唐军的，正是秦叔宝与殷开山，这似乎有点牵强。正如关羽诛杀颜良一样，关羽仗着马快，杀了颜良一个措手不及。尉迟恭心情愉悦地哼着小曲儿，伏在路边的秦叔宝忽然出现，并在顷刻间杀死几乎所有人，尉迟恭胆怯，出于本能，只能逃跑。人们往往对未知事物充满莫名恐惧，尉迟恭知道秦叔宝不是平常的地球人，三十六计走为上计，来日方长，要想打架，机会有的是。

不过尉迟恭再也没有机会了，因为他与秦叔宝很快成为一家人。

李世民策划的这场伏击战，为支离破碎的大唐军队注入了一支强心剂，人心开始复苏，军心开始凝聚。

尉迟恭认为李世民依靠侥幸取得胜利，不值得长久地恐惧，于是当王行本（依附于刘武周的一支地方武装）需要救急时，他又一次拉上老搭档寻相，并又一次实施营救，但又一次陷入李世民的埋伏圈。不过还好，他又一次成功逃脱。

两次险象环生之后，尉迟敬德除了心生恐惧之外，是长久的思考——敌人的谍报系统为何如此发达？时间、地点、人物，为何竟然计算得分毫不差？敌人在全线溃退的时候，为何能实现完美的局部反扑？吕崇茂为何“反水”？

对于前两个问题，尉迟恭模模糊糊中逐渐有了答案，但对于第三个问题，他说什么都想不通：自己与寻相不辞辛劳地赶来救援吕崇茂，满心指望他成功脱险之后，会对着眼前的两位恩人磕上几个响头，送上点辛苦费；可没想到吕崇茂竟事后“发疯”，偷偷向大唐磕头认罪之后，竟然联合唐军要杀自己！幸亏弟兄们及时反抗，协同杀敌，用“大浪”将反了水的吕崇茂压制于无形。

原本要过来挽救吕崇茂的命，结果却亲手结束了吕崇茂的命，尉迟恭觉得，这是上天和他开的一个玩笑。

但毕竟俘获了众多唐军将领，也算是对上司宋金刚有了一个良好交待，可没想到途经美良川时，突然遭到唐军伏击，不但自身损失惨重，还让个别人成功逃脱，尉迟恭觉得，这是上天和他开的另一个玩笑。

原本的一片大好河山，劈风斩浪一往无前，为什么自李世民来了之后，便开始事事不顺，时时添堵？

如果说李世民的第一次伏击纯属侥幸，那第二次呢？尉迟恭先前没有考虑过这个问题，现在开始认真考虑。正当他潜心钻研时，战俘唐俭托人传话过来，说有要事相求。

原来，大唐几位将军被俘以后，独孤怀恩曾私下告诉唐俭一个天大的构想：自己有朝一日逃出，会想办法先杀掉几名大唐高官，然后另立门户，与李渊彻底决裂。他想让唐俭一起加入。善于伪装的唐俭听完独孤怀恩的叛逆之词以后，没露什么声色，只是点头表示无异议。本次尉迟恭美良川遇袭，独孤怀恩趁乱逃走。唐俭得知后大惊失色，丝毫没有顾及自己当前的战俘身份，也没有考虑作为敌对方的尉迟恭的个人感受，直接发出请求，希望尉迟将军能够网开一面，允许自己的人火速回去报信。

尉迟恭也不知道自己是什么感受，最终点头同意。结果是，李渊在紧要关头获得了来自尉迟恭大营中的重要情报，在独孤怀恩动手之前率先发难，斩了叛逆者！

尉迟恭下意识的做法成就了两个人。一个是唐俭，普通人唐俭能够跻身凌烟阁二十四功臣行列，跟他这次临危救主有莫大关系。另一个，便是他自己。尉迟恭切实感受到了自身的潜在变化，他甚至开始试着理解吕崇茂……

在尉迟恭、寻相被李世民反复折磨的同时，宋金刚的日子也不好过。在柏壁与李世民相持两个月后，宋金刚发现一个奇怪的现象：自己库房的粮草越来越少，唐军库房的粮草却越来越多。当然，自家十多万的队伍，消耗粮食迅速也正常，可李世民也有数万人，也需要消耗粮食，为什么几十天下来，他的粮食却越来越多？

冰天雪地的，他哪儿来的这么多粮食？难道是敲开老百姓家的门，挨家挨户地“筹集”？我是用脚踹开门的，都没搜到粮食，他敲开的门，怎么就能找到粮食呢？按理说老百姓更应该有充足的时间把粮食藏起来呀？宋金刚陷入了深深的思索。

其实尉迟恭与宋金刚思考的，属于同一问题，只不过他们身处两地，没有及时沟通交流，否则的话，答案会很快水落石出：人心向背。

李世民突袭尉迟恭之后，开始蛰伏。冬天来临，一切都需要休息，李世民的策略很明确：不跟你打，也不跟你闹，只是依托我平凡而又伟大的劳动人民，跟你耗，最终耗死你！

你不是兵强马壮吗？你不是如日中天吗？好，我就等着你瘦骨嶙峋、日薄西山的那一天。没有老百姓的支持，寒风凛冽中一天天吃不上饭，兵还怎么强，马还怎么壮！

公元620年4月，在与唐军相持近五个月后，宋金刚的数十万铁甲钢拳被李世民生生耗成了“千层饼”。等待他们的，只有大葱蘸大酱——李世民的冬眠已经过去，他胃口大开，准备大吃一通。

宋金刚自己做前锋，让尉迟恭、寻相做后卫，开始有序撤退。

春风中的李世民一路狂追，八战八捷，对着宋金刚摧枯拉朽。

担着惊，受着怕，秦王来了，冬天的脚步近了，一切都像在做梦的样子，恍惚间闭上了眼——对于刘武周与宋金刚来说。

但对于尉迟恭，春天就是春天，命运开始逆转。

当刘武周与宋金刚向突厥方向一路狂奔时，尉迟恭与寻相正在介休城中，分别拉着大唐特派员李道宗、宇文士及的手，温暖地商讨投降事宜。

对于尉迟恭与寻相，大唐的意见很明确，既往不咎，重新来过；对于刘武周与宋金刚，突厥人的意见也很明确，哪有什么既往？谁想跟你来过！

刘武周与宋金刚到死都没想通，先前作为自己坚强后盾的突厥人，为什么会忽然翻脸，举起屠刀，杀死两个可怜人。

彻底洗白的机会

尉迟恭虽然是新入职员工，但毕竟属于社会成熟人才，他到唐营一报到，便立刻被任命为右一府统军，统领一起投诚过来的八千原属下。

尉迟恭加入了秦王府大家庭，李世民打心眼里高兴。

可有些人打心眼里不高兴。在同样吃“打架”这碗饭的武将们看来，除了身边的那位真程咬金（程咬金先前已经归顺大唐）外，半路又杀出一个能疯能打的假“程咬金”，以后立功受奖的机会必定会大大降低。都说文人相轻，其实武将们也“重”不到哪儿去。

以行军元帅长史屈突通为代表的秦王府嫉妒者联盟，天天围着李世民敲警钟：尉迟恭这个人不实在、不忠贞，不能委以重任，今天他背叛刘武周，明天就会反过来背叛您！

武将们希望李世民三思，可聪明的李世民心如明镜，他在充分照顾老将们感受的基础上，对“新将”尉迟恭，准备百分之百地信任。李世民坚信，他与尉迟恭友谊的小船，不会说翻就翻。

不过翻与不翻，取决于情，取决于势，也取决于造化。

造化经常弄人。

李世民平定了山西的叛乱以后，马不停蹄，立刻对洛阳的王世充展开攻击。此时军中有人忽然哗变——以寻相为首的原刘武周旧部在短暂投降之后，重新反叛，杀了一通人，随后逃之夭夭。

时刻准备着的“屈突通”们立刻行动，将尉迟恭成功抓捕之后，投入大牢。大家已经先入为主，尉迟恭虽然没有即时反叛，却极有可能延时反叛，反正对于他来说，反叛是他唯一要走的路。

对于屈突通等人的抓人动作，李世民是否知情?

历史记载得很隐晦，李世民似乎并不知情。

军长抓了师长，司令竟然不知道，似乎不是很合理……

友谊的小船，要不要翻？李世民在思考。

不过显然，屈突通、殷开山等人已经等不及了，他们等了一个多月，李世民始终没有动作，他们只能打破僵局：“敬德初归国家，情志未附。此人勇健非常，絷之又久，既被猜贰，怨望必生，留之恐贻后悔，请即杀之。”

屈突通、殷开山的意思很明确，既然关押人家那么久了，绝不应该再抱什么希望，应立刻杀死!

“寡人（此处自称寡人不是很合适，此时李世民还是秦王，怀疑是笔误）所见，有异于此。敬德若怀翻背之计，岂在寻相之后耶？”李世民用了一个多月时间，终于想通了一件事情：以尉迟恭的个性，如果想造反，早就去做了，不可能让寻相走在前面。

像一个明智的选择，更像一场生命的赌博。李世民说完这番话之后，将尉迟恭从牢里放出来，直接带进自己卧室问寒问暖，还拿出不少金银。李世民希望他不要介意，都是些误会。当然，如果确实想走，就把这些钱带上，缘分没有，但情还在。

已经无法确认尉迟恭当时有没有被感动到哭，但接下来的事情表明，他对于李世民，已经死心塌地。

交心之后的第二天，秦王拉上尉迟恭，想去外面吹吹风、打打猎，只是因为心情愉悦。可他们不知道，危险将要降临。

李世民的高调出行，很快引起了敌方侦察兵的注意，并回报给洛阳城中的王世充。王世充激动万分，立刻组织力量，对李世民完成了战术包围。对于王世充来说，千载难逢的机会来临，如果不使劲抓住，后悔莫及。

李世民倒不是很惊慌，他一面战斗，一面寻找时机突围。可他又怎能突得出去？王世充看到了奋力挣扎中的李世民，立刻撒出“老鹰”前去擒拿。

单雄信与徐世勣曾经是瓦岗寨中的两只雄鹰。瓦岗寨被王世充踏平后，兄弟俩抹泪单飞，单雄信飞到了洛阳，徐世勣飞到了长安。因此严格意义上，单雄信是只外来的“鹰”，王世充充满信任地将单雄信撒出去擒拿李世民，对于单雄信来说，属于某种荣耀。

单雄信看到李世民就在自己的枪尖底下，抬手之间便可以立下不朽功业，怎能不令他激动？

单雄信手抖得很厉害，因为激动发抖，他的枪总是偏离正确路线。李世民尽管险象环生，但辗转腾挪中，似乎还有一丝生的希望。

单雄信的不住抖动，成就了尉迟恭。尉迟恭大发神威，拼死杀近单雄信，简简单单的一槊（一种兵器，类似枪，张飞的丈八蛇矛便是其中一种），将单雄信刺伤于马下。

王世充开始不相信自己的眼睛，在梦游一般的境界中，让尉迟恭生生杀出条血路，保护着秦王，并与前来救援的唐军部队完美汇合。

到手的东西却顷刻间失去，王世充的情绪一落千丈，叹息着准备收兵回营。但他不知道，惹毛了尉迟恭，是要付出代价的——尉迟恭将秦王安顿好之后立刻回转，带领唐军杀了回马枪，王世充损失惨重。

尉迟恭在关键的时刻做了关键的事，嘉奖自然少不了，李世民送给他一筐金银珠宝，连带一筐感恩的话。

钱是小事，对于尉迟恭来说，这也是一次彻底洗白的机会。先前唐军某些将军对他肆意抹黑，大大小小的屎盆子一个劲儿往他脑袋上扣，还将他投入大牢，现在临危救主，忠心可鉴，看你们还有什么话说！尉迟恭的腰杆子，终于可以挺直。

李世民惊魂已定之后，告诉众人，尉迟恭能来到我身边，完全是天意，你们以后别再为难他了！

风光占尽

既然是天意，还能有什么话说？在沉默是金的当下，默默干好自己的本职工作，少去招惹上天派来的人，才是正道！这是大多数秦王府人的想法。

可偏偏有人不愿走正道，甚至扬言主持“公道”：先前被刘武周打得抱头鼠窜的李元吉，被父亲李渊训斥之后来到洛阳前线，准备跟二哥李世民学习作战经验，可他却见到了春风得意中的仇人尉迟恭。

刘武周死了，宋金刚死了，尉迟恭竟还活着，而且活得很滋润！当年要不是这三个人将他“请”出山西，他现在还在晋阳的皇帝行宫里享受呢！看着尉迟恭拿着一杆槊高高在上的模样，李元吉心里的这道门槛，怎么也迈不过去。

关键是，李元吉手里的兵器，也是槊！眼看着尉迟恭一个劲儿“槊”

个不停，挣足了面子赚足了风光，让同样使槊的李元吉情何以堪？

槊遇到槊，就得说道说道，对于尉迟恭近期的高调表现，李元吉严格执行两“不”原则——不服气，不客气。

李元吉直接找二哥谈，要与尉迟恭比试武功，考虑到兵器无情，为了不至于伤到那位新来的，可以将矛头去掉，拿空杆子较量。

面子这东西，可以有，也可以没有，就看给什么人，什么时候给。很显然，李元吉瞬间丢掉李氏一家辛苦经营起来的山西，导致他在唐军中的威信一落千丈，李世民更是一脸的看不起。这种条件下，谁会给他面子？

我把矛头取下，你不用取！尉迟恭准备让李元吉再一次颜面扫地。

李世民站在一旁，冷眼旁观。

十六岁的花季少年李元吉，是真的发了狠，动了真格。曾被宋金刚、尉迟恭追得满世界跑的惨痛经历，使他受尽了折磨，丢尽了脸。现在宋金刚已经死掉，尉迟恭却在二哥李世民的庇护下，活得愈加好。看到那张趾高气扬的脸，李元吉就无端地生气。他原本想折了矛头对攻一下，挫挫他的锐气，丢丢他的大黑脸，没想到却被告知矛头可以不摘，红线可以猛踩，李元吉立刻动了杀人的心。

李元吉左一矛右一矛地刺，尉迟恭左一下右一下地躲，李世民左一阵右一阵地笑。

看着李元吉千百次的努力全部化为灰烬，李世民其实并不想在弟弟伤口上撒盐，他问尉迟恭：“夺稍（通槊）、避稍，何者难易？”

尉迟恭回答，夺槊难。

那还等什么，快夺了他的槊！

李元吉看着主仆二人肆意虐人的模样，自尊心受到严重伤害，立刻提槊上马，在居高临下的情况下，发力猛刺。尉迟恭却不再躲避，因为他这次的目标不是躲，而是夺。尉迟恭在很短时间内，在自身毫发无损的情况下，三次夺去李元吉的槊。

李世民微笑着宣布游戏结束。一直依靠战功说话的李世民，从内到外看不起一提战功便不敢说话的李元吉。李元吉在二哥那里得不到尊严，只能拉起大哥的手，期盼梦想中的那一天。

原本有可能使尉迟恭大栽跟头的比武闹剧，却又一次让他大放异彩。李世民看在眼里，乐在心里，他大手一挥，让尉迟恭做了玄甲队队长。

玄甲队，军中选拔出来的特种精英、战斗模范的集合，是公鸡中的战斗机。一员黑脸猛将带着一千多黑盔黑甲的特种兵，预示着敌人的黑夜即将来临。

李世民让尉迟恭做玄甲队队长，赏识与提拔之意不言而喻，但尉迟恭是半路出家，又是外来的和尚，短时间内便给予如此丰厚的待遇，寺内其他和尚会怎么想？

爱怎么想就怎么想！不会念经或不太会念经的人，怎能跟太会念经的人比！

屈突通也是外来的和尚（原隋朝大将，后降唐），也会念点经，却连副队长都不是。

在李世民看来，职位就那么多，当然要按照能力大小依次排序。屈突通在自己面前接连不断地挤兑尉迟恭，有破坏安定团结的嫌疑。为了保证领导集体内部和谐稳定、整齐划一，只能让同样来自远方的屈突通受点委屈，向外层空间靠一靠。接下来发生的事情似乎印证了李世民有关人事安排的合理性——屈突通吃了败仗。

勇猛的福星

公元621年正月，屈突通与窦轨带兵巡游，与王世充突然遭遇。

屈突通交战失利，幸亏尉迟恭带领玄甲军及时救援，最终反败为胜，一举歼敌六千余人，迫使王世充退守洛阳老巢。

屡战屡败的王世充最终走上了联合的道路，派自己的侄子王琬与长孙安世赶去夏都，准备与窦建德结成战地联盟。

窦建德看到大唐东进态势不减，知道王世充今天的命运，就是自己明天的劫数。对于出身寒门且文化程度较低的窦建德来说，唇亡齿寒的道理，他还是懂的。

公元621年3月，窦建德亲率十万大军水陆并进，屯兵武牢关（即虎牢关）附近，修行宫于板渚，准备驰援洛阳。

武牢关（又称汜水关、成皋关、古崤关），位于今河南省荥阳市西北，洛阳八关之一，南面是巍巍嵩山，北面是滔滔黄河，山岭交错，自成天险，是洛阳东面的门户和重要关隘，与潼关一样，也是一处“一夫当关，万夫莫开”的咽喉要地。

窦建德没有入驻武牢关，也许是他一生的痛。如果他具有战略眼光，快速进入武牢关，并依靠关隘与李世民打消耗战，最后的胜利，没准儿就是他的。

为什么不是抢占，而是入驻?

不用抢占，武牢关本来就是盟友王世充的，现在两家变一家，直接派人入驻，一起协防就行。

李世民得知窦建德的最新动向之后，为了避免腹背受敌，令李元吉继续围困洛阳，自己亲率数千精兵，星夜兼程，于3月25日成功抢占武牢关!

稳固之后，李世民马不停蹄，次日便带着他的“四大金刚”及五百玄甲军出武牢，前去夏军大营刺探，并沿途设伏，伏兵由徐世勣、秦叔宝、程咬金统领，自己则与尉迟恭及其他四名警卫持续逼近。

巧合的是，窦建德也派一支侦察小分队出来巡游，与李世民、尉迟恭不期而遇。李世民张弓搭箭，尉迟恭立马挺槊，分别杀死数人。

其他夏军士兵见状，准备抱头鼠窜。我是秦王，你们跑什么！李世民喊了一嗓子之后，正欲追赶，却被尉迟恭一把拦住："小敌速遁，恐大敌将至，不如暂避锋芒。"

尉迟恭虽猛，却很现实。

有你在我身边，怕他何来！李世民豪情万丈："吾执弓矢，公执槊相随，虽百万众若我何！"

尉迟恭说得没错，窦建德得知消息之后，立刻派出五千精兵前来围剿，不过这正中李世民的下怀。

李世民在游刃有余中边打边撤，将夏军引到了事先设置好的埋伏圈，一阵狂揍之后，将夏军将领殷秋、石瓒俘获，其他人如鸟兽散。

窦建德虽遭到重创，但主力尚在，短暂休整之后，带领军队倾巢出动，准备将李世民一举歼灭。李世民居高远眺，没看上窦建德，却看上了他身边的一匹马。

原来在洛阳攻坚战的过程中，李世民连续损失了两匹战马（什伐赤、飒紫露），现在留在身边的，只有青骓马了。他想尽快寻找一个备用，恰巧看到窦建德身边的王琬骑着一匹青骢马，"铠甲甚鲜"，特别与众不同，就动了心思："彼之所乘，真良马也！"

尉迟恭想要充分放飞自我，立刻主动请缨，要前去取马。

敌人千军万马，青骢马又位于核心区域，怎么取？秦王以为尉迟恭在开玩笑，苦笑着摆手——为了一匹宝马，损失一员大将，太不值。

李世民话还未完，尉迟恭早已带着高甑生、梁建方冲进敌方阵营。奇迹顿现，在数万夏军的围困中，尉迟恭捉住了王琬，牵起了青骢马，快乐返回。

被人找上门来欺负之后，要么变得更强大，要么变得更软弱——这完全取决于受欺负者的人生态度。

毫无疑问，窦建德是人生的弱者。夏军在强大的心理压力与残酷的现实压力之下，彻底崩溃。

这极具讽刺意味，前来驰援王世充的窦建德，竟先于王世充被俘。

李世民后来才知道，他看上的那匹马，有着不同寻常的经历。马的第一任主人是隋炀帝杨广，第二任主人是杀死了杨广的宇文化及，第三任主人是杀死了宇文化及的窦建德（王琬属于暂时借用）。

王世充垮掉了，窦建德亡了，战争结束了。

对于一名武将来说，不停战斗才是永恒主题；对于尉迟恭来说，扔了槊重操打铁旧业，已经几乎不可能。

人在无所事事的时候，最容易堕落，不过还好，河北的刘黑闼给了尉迟恭第二次军事生涯。

旧时峥嵘建德孤，今日铁马黑闼独。
河北狼烟终散尽，相逢一笑泪两枯。

刘黑闼，窦建德的同乡挚友，夏王忠诚的追随者和继承者。窦建德被杀之后，河北陷入了短暂的平静。不久以后，刘黑闼逃窜无所，最终举兵反唐，于公元621年7月19日举行了誓师大会，准备背靠突厥，登高一呼。

紧接着，在刘黑闼有意无意的诱导之下，北方的突厥人开始入侵中原，南方的“墙头草”徐元朗也开始起兵反唐，中原地区又是一场血雨腥风。

对于大唐最高决策者李渊来说，这是一次始料未及的动荡。他原以为剿灭了窦建德与王世充，中原地区各路英雄豪杰都会自然驯服，他可以随意支配。

他开始对河北发号施令，命令河北地区的所有窦建德旧部在几日之内必须来长安报到，至于随后的命运，就要看个人的造化了。

以刘黑闼为代表的窦建德旧部担心去了长安之后，再也见不到明天的太阳，与其去以就毙，不如就地反之！

别等造化了，咱们造反吧！河北是我们的家乡，我们哪儿也不去！令刘黑闼没有想到的是，他的轻轻一呼，竟然有万千响应，仅仅数月便恢复了原夏国所有领土。

李渊没想到会有人敢造反，他更没有想到，刘黑闼活生生一个反面教材，竟然有那么多人愿意追随他。

李渊唯一想到的是，赶紧将李世民派过去平叛。

李世民在出发的时候，没有忘记带上尉迟恭。对于他来说，尉迟恭就是他的福星，危难时机，尉迟恭总能够适时出现，总能挽救一切。

鉴于突厥、刘黑闼、徐元朗三路敌军夹击大唐的形势，李世民打算先派勇猛过人的尉迟恭到北方迎击突厥，等事情一完，再回来一起剿灭刘黑闼叛军。

北方战区行军总管尉迟恭没有辜负李世民的重托，在与突厥人交手的过程中，数战数捷，使得突厥无法对刘黑闼实施有效支援，等于将敌人的一只拳头，生生地怼了回去。剩下刘黑闼一只拳头，李世民志在必怼。至于另一支叛军徐元朗，李世民从来没有认为他是拳头。他是挂靠在刘黑闼身上的一个多余的小拇指。

可志在必怼的李世民，在尉迟恭暂时“缺省”的日子里，差点被刘黑闼“怼”死——富于谋略且勇猛过人的刘黑闼抓住一个机会，成功突袭了徐世勣。在徐世勣即将全军覆没之际，李世民与堂弟李道宗火速过去救援。在形势逐渐好转的情况下，足智多谋的刘黑闼成功实施反包围，将李世民里三层外三层地困在了中央。面对形势突然逆转，李世民始料未及，知道单靠他一己之力突围，已经不可能。此时他最想见到的人，就是尉迟恭。

尉迟恭似乎接收到了秦王的求救信号，击退突厥人之后，马不停蹄，带领数千敢死队前来救主。

对于尉迟恭作战时的勇猛程度，刘黑闼早有耳闻，可他没想到现场的尉迟恭一进入战斗便彻底发疯，一扫一片，拿着那根大铁槊，串起了人肉串。

这谁能受得了！面对死亡威胁，黑闼军纷纷躲避，最终四散奔逃。以勇猛著称的刘黑闼遇到了以狂猛著称的尉迟恭，只能时时自省，步步惊心。

李世民、李道宗趁可乘之机，惊险逃脱。

尉迟恭于险象环生之中，第二次挽救了李世民的生命。他本人也凭借卓越战功，被封为秦王府左二副护军。

官儿是不是小了点？毕竟救了主帅的命。

短短两年内，从右一府统军到左二副护军，也算是职业生涯中一大进步。要知道此时的房玄龄也只是个记室，杜如晦仅是个参军，在整个秦王府，尉迟恭的官不算小。

不过很显然，当下的尉迟恭在官职方面还不能和李勣相提并论。李勣“国”字当头，武侯大将军、天策下将均由皇帝李渊亲自任命，属于“国将”，享受国家级待遇；尉迟恭是“府”字当头，右一府统军、左二副护军则是由秦王李世民自行任命，属于“家将”，享受府级待遇。

但尉迟恭是李世民彻彻底底的嫡系，李勣却不是，至少现在不是。

刘黑闼的第一次反叛最终被李世民打败，紧接着的卷土重来又被李建成扑灭，刘黑闼最终在自己熟悉的土地上，被李建成斩首。

在明争暗斗中生存

外面的世界精彩已过，里面的平静已被打破。公元623年以后，太子府与秦王府的明争暗斗已成了老百姓茶余饭后的谈资。李渊作为大唐最有权力的人，对于儿子们之间的较量也充满无奈。他虽然极力维持权力平衡，保证三个儿子不至于相残相杀，但在有意无意中，还是有所侧重。对外的几场战争造就了一个超级秦王府。削弱秦王府的势力，既是李建成、李元吉的理想，也是李渊的心愿。某种意义上，打击秦王的势力，不但可以解决继承权问题，也可以维护李渊的绝对皇权。

因此当李建成提出将秦王府中的“拔尖人才”借调到外地为官时，李渊立刻同意。善于谋略的房玄龄、杜如晦先后被调往外地，善于近身肉搏的尉迟恭，却被刻意留了下来。

这似乎不太正常。正常情况下，在打击对手之前，应该打掉对手周围的打手。李建成想要扳倒李世民，首先放倒的应该是尉迟恭。

不正常的背后，是李建成的一个幻想——他想用重金将尉迟恭收买过来。

对于李建成来说，未来的争斗离不开武力。如果能够将尉迟恭从李世民的身边挖走，移植到太子府的土壤中，施点肥、浇浇水，没准会开花结果；万一中途夭折，也算胜利，因为削弱对手，也是在成全自己。

虽然成功率较低，但李建成想要尝试一下。

于是毫无思想准备的尉迟恭，收到了一封来自太子府的密信：“愿迂长者之眷，敦布衣之交，幸副所望也。”

随书信一起过来的，还有一车金银财宝。

堂堂的太子殿下，竟能屈尊卑膝，以近乎哀求的神态对尉迟恭狂抛橄榄枝，按理说尉迟恭此时应该犹豫一下，毕竟得到一车宝物的机会也是不常有。当初李世民向他表明心迹时，拿出的财宝也不过一筐，现在是一车。

尉迟恭竟毫不犹豫，直接拒绝：秦王给了我第二次生命，我只能以命相报，如果中途转向，便是怀有二心的小人，你们花费重金收买一个小人，实在是大大的不值。为了咱们大家，您还是省省吧！

一车财宝抵不上一筐金银，太子的吸引力比不上秦王的个人魅力，李建成知道结果后恼羞成怒。

事后，尉迟恭将自己的经历向李世民诉说，李世民听后很生气：那么多钱，让你拿，你就拿着，不拿白不拿！而且你也别直接拒绝，可以表面答应他们，暗地里再向我通风报信，知己知彼，岂不更好？可是现在你把他得罪了，他一定不会放过你！

李世民猜得很对，李建成眼看着诱降无望，遂动了杀机，而作为尉迟恭生死对头的李元吉，早已等得不耐烦，现在既然大哥已经点头，便立即召集绿林豪客、江湖大佬次第过来，刺杀尉迟恭。

尉迟恭也从小道消息得知自己将要被暗杀，便索性一不做二不休，将前门、后门、窗户全部打开——如果不好意思从房门进，跳窗户进来也行，远来的都是客，进来歇歇脚，吃点水果再动手也不迟。

刺客们扎堆过来，前庭走走、后院瞧瞧之后，又扎堆回去——保命第一，保钱第二。对于名扬四海的战斗狂人尉迟恭，只能暗箭，不能明枪。现在人家大开房门迎鬼来，谁不害怕？摆明是赔本的买卖，没人愿意做。

建成、元吉两兄弟见直接刺杀失败，便准备借刀杀人，在皇帝面前告黑脸尉迟恭的黑状。关陇贵族出身的李渊，从里到外看不起铁匠出身的尉迟恭，听了儿子一番言语，也没有调查取证，直接将尉迟恭下了大狱。

其实也不用取证，整天围在秦王身边，千方百计搅和皇族内部事务，就是最铁的证据。即使儿子们不说，李渊也会动手。

在监狱中害人似乎要简单很多，尉迟恭是李世民的贴身警卫，解决了他，就等于缴了秦王府的械，太子府似乎要赢得决定性胜利。

决不能让他们得逞！心急如焚的李世民找到父亲，夜以继日做思想工作，甚至祭出一些胁迫，添加少许强硬，最终迫使李渊让步，同意无条件释放尉迟恭。

李渊关键时刻的优柔寡断，间接导致两个儿子命丧黄泉，直接导致自己退居二线。当牢门打开的那一刻，一张血盆大口，正慢慢张开。

对于从牢里走出来的尉迟恭来说，未来的路再清楚不过——促使秦王下定决心，在夜长梦多之前，率先下手，杀死建成、元吉，剿灭太子党，让李世民成为下一任皇帝。

尉迟恭很快听说李建成、李元吉定谋，要在昆明池加害秦王，他立刻拉起长孙无忌面见李世民：如果不及时动手，便会被歹人动手在先，到那时，昔日的所有积累，都会付之东流。

李世民依旧在犹豫，毕竟是亲兄弟。他想再等等，等对方光天化日下主动发难，他再后发制人。

你根本没有后发制人的机会！见李世民关键时刻仍然犹犹豫豫，尉迟恭顿时着急上火：包括我在内的秦王府上上下下，时刻准备为你效死，这是上天给你最好的礼物。你放着礼物不要，却一味地顾及小情，不舍小爱，完全将国家大计抛到脑后，做事犹犹豫豫，我还真没见过你这样的！你若同意，我这就去砍人，你若不同意，我这就离开，不但我离开，长孙无忌也会离开！省得与你一起白白送死。

在规劝李世民这件事情上，不同的人采用不同的方法——房玄龄在被李渊“驱逐”之前，曾联合长孙无忌一起劝说李世民要以国为重，为了国家的长治久安，一定要先发制人；尉迟恭则重点从保命的角度阐述，为了自身生存必须率先动手，若稍有懈怠必然身首异处，贻笑千古！

房玄龄与尉迟恭同是秦王府的人，又是为了同一个目标，出发点却截然不同，为什么？

现实基础决定上层脑袋：玄龄是特别优秀的管理人员，无论谁当政上台，都能用得上，关键他与建成、元吉没有很深的过节，不用担心丢饭碗丢脑袋；尉迟恭是特别优秀的战斗人员，在和平时期，无论谁当政上台，用处都不是很大，关键他与建成、元吉过节很深，不担心丢饭碗丢脑袋才怪。

尉迟恭见李世民软硬不吃，彻底着了急。他自己本身就没念过几年书，一上火，难听的话脱口而出，但李世民毕竟是自己的领导，感觉失言之后，尉迟恭马上闭嘴，将话语权交给了长孙无忌。看到李世民一直犹豫，长孙无忌也很急：您现在不听尉迟恭劝告，他逃到其他地方也还罢了，万一投靠了建成太子，开始为虎作伥，后果将不堪设想。现在既然大家都已经摊牌，就只能一条路走到黑。

李世民依旧在徘徊，他要求对面的两个男人再认真考虑一下他刚说过的话，以及他现在的感受。

尉迟恭彻底被激怒，他抨击李世民智商不高，勇气没一点，又进行赤裸裸的逼迫：现在八百死士已经进了秦王府，满府尽带黄金甲，阵势早就散了出去，街坊邻居都知道了，你想临阵反悔？怕是没有这个机会啦！

铁匠出身的尉迟恭，抡锤子时喜欢直来直去，说起话来也不会拐弯抹角。

促使尉迟恭逼主就范的理由其实很简单：他要活下去。对他来说，首先是为自己，其次才是为国家。作为一位将李建成、李元吉彻底得罪的武将，他唯一能够活下去的方法就是借助李世民，杀死对手。相较而言，尉迟恭的生存空间比房玄龄、杜如晦要小很多。这也间接导致玄武门之变以后，曾躲在狭小空间中偷吸空气的尉迟恭，见到一米阳光之后便迅速膨胀，凭借昔日的战功以及玄武门事件中的中流砥柱作用，扶摇直上九万里，踏破群峰笑破山。

这次密谈虽然没有彻底拿下，但是显然，李世民的心正逐渐起变化。为了巩固胜利果实，尉迟恭又拉上侯君集，日夜苦劝，终于将李世民说动。

不过李世民提出了条件：在当前的复杂背景下，在房玄龄与杜如晦回归之前，他绝不会冒险起事——不是你们几个不行，而是在房玄龄、杜如晦缺席的情况下起事，根本行不通！

尉迟恭选择沉默，长孙无忌选择打破沉默，不就是请他们二人过来吗？我去，我能行！李世民立刻同意放行。

时不我待，长孙无忌打马扬鞭去了远方，又打马扬鞭回归秦王府——远方的房玄龄、杜如晦告诉长孙无忌，没有李渊的诏书，私自返京会秦王，可是杀头的罪。

决心已定的李世民得知房、杜二人竟然顾左右而言他，顿时火冒三丈，立刻命令尉迟恭同长孙无忌再走一遭，如果房、杜依旧推诿，就杀了他们！

房玄龄、杜如晦见到了为保命而近乎疯狂的尉迟恭，什么也没说，直接卷铺盖跟人走。

不过粗中有细的尉迟恭告诉众人，一起回京城目标太大，建议长孙无忌带房、杜二位先生先行一步，而且最好化个装，尽早赶去秦王府参与相关课题的论证；尉迟恭本人则走另一条道路，大家化整为零，可以大大提高个人生存概率。

房玄龄、杜如晦最终装扮成道士模样，成功进入秦王府。

紧接着，玄武门之变爆发，李世民一箭射死李建成，李元吉逃入树林的过程中被流矢击中。李世民拍马猛追，却被林中树枝绊倒。李元吉回马夺弓，企图用弓弦扼杀李世民，尉迟恭及时赶到，断喝声中结束了元吉性命。

太子府副护军薛万彻、车骑将军冯立等闻讯后，率领着东宫、齐王府（李元吉府邸）的两千精兵赶到，双方陷入混战。危急时刻，尉迟恭赶至玄武门下，将割下的建成、元吉的头颅抛向空中示众，太子党羽见状，立时散去。

李世民命尉迟恭火速赶往海池，保护父亲李渊。此时的唐高祖李渊正泛舟于海池，对于外部的骨肉相残一无所知，直到看见尉迟恭拖着长槊过来，才大惊失色：你来干什么？外面发生了什么事？

尉迟恭也没那么多讲究：太子、齐王作乱，已被秦王所杀，秦王担心有人趁机谋害您的性命，特派我前来保护。

李渊很清楚，老二派来的尉迟恭一直充满杀气，名保护，实监护。事已至此，难过也没有用，李渊接受现实，立刻下诏，停止京城内部一切争斗，所有叛逆均交由李世民来处理。

人生顶峰上的嫉妒

京城逐渐归于平静，尉迟恭长长出了一口气，对于他来说，生命威胁已经彻底解除，心态应该趋于平稳了。在听到李渊“卿于国有安社稷之功”的话语、拿到李渊赐予的数车财宝后，尉迟恭心内顿时起了波澜。自己深度介入皇族内部纷争，又亲手杀死李元吉，却还要用沾满儿子鲜血的手，接过父亲的赏赐，尉迟恭的心里，多少有点不安。

为了平衡自己，当有人提议要将太子府与齐王府的人全部赶尽杀绝时，尉迟恭第一个站出来反对，该死的都已经死了，可死可不死的，就不要死！

血雨腥风终于过去，秦王府的人们纷纷庆幸自己依旧可以活下去。在这场政治游戏中，要么淘汰对手，要么被对手淘汰，没有中间路线。

李渊作为斗争双方的父亲，试图寻找一条中间道路，既能保证皇位顺利继承，又能保证亲情始终延续，但以失败而告终。

对于秦王府的人来说，不管背负多少不好的名声，但最终是胜利。既然胜利，就要论功行赏，长孙无忌与尉迟恭功劳并列第一，各赐绢布万匹。尉迟恭诛杀李元吉，立下特殊功劳，李世民决定，将齐王府中一切会动的、不会动的，全部赠与尉迟恭。

铁匠出身的尉迟恭，终于来到了人生的顶峰——贞观元年（公元62年），拜右武侯大将军，实封一千三百户。

右武侯大将军，正三品，也就是当初李勣所处的位置。在初唐时期，对于武职干部来说，到达这一位置已经是极限。尉迟恭坐着过山车，终于来到最高处。

他想多停留会儿，看看远处的山峰及山下景物。不过可悲的是，别人看到远处山峦起伏的画面后，油然而生的是一种敬畏。尉迟恭看到不远处的山峦此起彼伏，油然而生的是一种嫉妒。

山外有山，人外有人，客观使然。可在尉迟恭看来，房玄龄、杜如晦、长孙无忌都是些拔地而起且不断增高的活火山，看起来是那么刺眼，那么不着调，那么需要修理！

随遇而安是人生幸福的最大帮手，克己奉公是职场顺利的必要前提。很可惜，尉迟恭都没有感悟到。

尉迟恭决定，要随时随地展开修理活动，朝上朝下，只要三人一发声，尉迟恭立刻添堵。你们说东，我就说西；你们说好，我就说坏；你们说对，我就说错；你们沉默不做声，我就一个劲说你们。

房玄龄、杜如晦、长孙无忌几个“细人”，不好意思与一个粗人计较太多，多半时候碍于皇帝的面子，打哈哈了事。这使得尉迟恭很有成就感。他觉得，时不时折折这些“刀笔之吏”的八面威风，挫挫他们的天地锐气，是在维持文武间的一种平衡，是在为国家做贡献。

尉迟恭忘了，维持文武间平衡的职责不在他那儿。李世民开始觉得，尉迟恭夜以继日地讽刺挖苦房玄龄等人，完全是吃饱了撑的。

有吃有喝地供着你，和平时期既不用劳心又不用劳力，多好的生活！房玄龄、杜如晦一心一意搞政治经济建设，精气神全部奉献给了国家，你没这方面的本事，瞎添什么乱！沙场上你是一匹好马，纵横驰骋，所向披靡，可一到了官场上，你就害了群！为了保持国家机器的正常运行，保证宰相们有一个良好心态，你，尉迟恭，必须走！

贞观三年（公元629年），李世民一道诏书，将尉迟恭赶出了京城。

襄州（今湖北襄阳）是个好地方，襄州都督是个好职位，可尉迟恭怎么也高兴不起来。水往低处流，人往高处走，仕途中人绝大多数都是能上不能下。尉迟恭猛然发现，他的仕途如流水，从右武侯大将军奔流成了襄州都督，从人头攒动的繁华京城奔流到宁静致远的偏僻小城。

显然，李世民这次是动了真气。既然尉迟恭的脾气越来越大，心胸越来越小，就让他去远方走走，扩扩胸，消消气，如果将来有可能的话，再重新来过。

不过下定决心将救过自己三次性命、玄武门下又立下汗马功劳的忠诚下属赶到千里之外，李世民着实伤了许久的心。

太宗皇帝甚至一度考虑，将尉迟恭从远处一步步召唤过来，毕竟他除了“口臭”以外，心眼儿倒还不坏。李世民甚至幻想，尉迟恭经过外部的有氧运动之后，会深刻领会到和平时期做官的真谛，能够主动向文人们示好，握手，拥抱，哈哈一笑，无论什么方式，都是莫大进步，都会令人振奋。

于是，李世民用了五年时间，一步一个脚印，将尉迟恭从山遥路远的襄州，拽到了近在咫尺的同州（今陕西渭南大荔县）。贞观八年（公元634年），尉迟恭“累迁同州刺史”。

但事实证明，尉迟恭在外地漂泊的数年内，胸怀夜以继日地减小，脾气披星戴月地增大。他就像一个憋到要爆的气球，正努力寻找一个出气的机会。

机会很快来临。

距离近了，喝酒吃肉的时候，自然不能被落下。一次庆善宫聚会，李世民特意通知，让同州的尉迟恭来一趟。平时聚一次不容易，大家好好热闹热闹。

太宗皇帝的本意是尉迟恭能有一个崭新面孔呈现给大家，不过最终呈现在大家面前的，是一个将要爆炸的“气球”。

大“气球”尉迟恭一踏入宴会厅，拿眼睛一扫，立刻看到自己的坐席竟然被安排在某人之下，立刻发飙：你有什么功劳，敢坐到我的上面！

当事人没吱声，下首的任城王李道宗出来解劝，尉迟恭终于爆发，一记天马流星拳，顿时震惊全场，李道宗的眼睛差点被打瞎。

李道宗是皇帝的堂弟，在李世民的心目中，整个大唐皇室能征善战的没有几个，堂兄李孝恭，堂弟李道玄、李道宗，仅此而已。李道玄死得早，李孝恭又偏安于扬州一隅，留在李世民身边的，只有李道宗。

亲兄弟李建成、李元吉已经一去不复返，堂兄弟李道宗就是我的亲兄弟，尉迟恭你这是干什么！翻桌子打伤人，反了你了！

史书记载："太宗不怿而罢。"不怿而罢，就是不欢而散。

就这么散了拉倒？鬼才跟你拉倒！抛弃幻想之后，李世民最终忍无可忍，他将尉迟恭找来，单独进行谈话。

尽管李世民说得很隐晦，很迂回，但尉迟恭听得出来，这是一次不折不扣的、赤裸裸的死亡威胁。

李世民告诉尉迟恭：他曾对汉高祖刘邦当初"滥杀功臣"的做法完全持保留意见，等到自己当了皇帝，日日夜夜思考着的，是如何保全社稷功臣们的身家性命，保护他们子孙的合法权益不受损害。尉迟恭作为开国功臣，自然在受保护之列。可是你看看你自己，玄武门之后，你就开始恃功自傲，谁也不放在眼里，宰相们被你骂了个遍。我让你去远方散心，就是指望你能改改臭脾气，收收放荡心。现在可倒好，刚一来，就当着我这个皇帝的面，打伤道宗贤弟，试问在你的眼睛里，还有王法吗？还有法律吗？

李世民越说越生气，越说越想说：我也终于知道韩信、彭越（汉初名将，均被刘邦以谋反罪杀死）落得那样的下场，根本不是刘邦的错！治理国家就应该赏罚分明，绝不能一而再、再而三地迁就忍让。你好好想想吧，做错了，你可别后悔！

李世民拿韩信、彭越做例子，想要表达的意思再清楚不过：不管功劳有多大，只要触犯法律法规，危及皇朝统治，一律杀无赦！

对社稷有大功本是件好事，可尉迟恭差点把好事变成坏事，在这方面，他远不如李靖、李勣。

他有点后悔了。

到达人生顶点时，是不是一定要保持清醒的头脑？答案是肯定的，否则的话，顶点很有可能变成终点；功成名就时，是不是一定要急流勇退？那倒不一定，需不需要退，能不能退，得看时势。

冲昏头脑达数年后，尉迟恭终于被皇帝的一盆凉水浇醒。面对死亡威胁，他彻底放弃了所有的爱慕虚荣。

尉迟恭选择了彻底悔改，李世民选择了阶段性原谅。大家相安无事，于是又一个十年过去。

走向沉寂

贞观十七年（公元643元），尉迟恭上表请辞，李世民同意，授予他开府仪同三司，希望他安心养老。这一年，尉迟恭五十八岁，还不算老。

一年以后，东部战事爆发。高句丽与百济不顾大唐王朝的强烈反对，直接出兵新罗。弱小的新罗派大使绕过强大的对手，一路哭喊着来到长安，痛诉高句丽与百济的强权政治和霸王行径，以及他们对大唐尊严的肆意践踏和无耻侵犯，说得李世民牙根发痒，手心发烫。

对于高句丽，李世民充满征服欲望。当年隋炀帝三征高句丽不胜，导致国内矛盾加剧，最终激起民变，隋朝政府瞬间土崩瓦解。反观高句丽，在强大隋朝的无情打压下竟笑到最后，自信心急剧膨胀，对天朝上国的敬畏心理降到历史极限。特别是渊盖苏文篡权专政之后，非但与新生的大唐王朝撕破脸皮，还直接出兵新罗，明目张胆入侵唐朝的传统盟友。

李世民早有收拾高句丽的打算，只不过缺少一个机会，现在新罗告急，依据盟友间的相关文件精神，出兵高句丽，已是势在必行。

李世民宣布完出兵决定之后，没几个人明确支持，也没几个人明确反对，大家一片沉默。

沉默，在某种意义上就是反对。李世民心里很不痛快。

让李世民更加没想到的是，曾经的战斗狂人尉迟敬德，在关乎国威与尊严的出兵问题上，竟然反对自己御驾亲征！

而且尉迟恭的观点很有指向性，他认为皇帝远征辽东，太子又要在定州（今河北保定）后勤，京都长安与陪都洛阳同时失去主宰，有点不合适。虽然有其他人镇守，但缺少主心骨，难免空虚，万一发生杨玄感那样的事情，后果将不堪设想。另一方面，高句丽属于边陲小国，没必要御驾亲征，派一位良将过去，分分钟便能搞定。

尉迟恭说得相当有道理。经过数年的沉淀，他已经无欲无求，可他没有意识到，他说错了一句话——恐有玄感之变。

当年隋炀帝东征高句丽，隋朝宰相杨素的儿子杨玄感竟忽然反叛，带领军队猛攻洛阳，虽然最终被隋炀帝镇压，但这场关陇贵族之间的战争，却是隋朝走向灭亡的开始。此后的数年中，各地起义军风起云涌，另一关陇贵族李渊趁机起兵太原，占领关中，最终一统华夏，成功实现改朝换代。

现在太宗皇帝也要东征高句丽，情形与当年相似，作为一条貌似很有说服力的论据，杨玄感事件被尉迟恭再次提及。

李世民听完这句话，相当的不痛快：怎能拿隋炀帝跟我比？！怎能拿日薄西山的隋朝与如日中天的大唐相提并论？！我就不信，我与太子东征，会有人在背后捅刀子。让我派一员名将，我还能派谁？李靖年老体衰，侯君集又因反叛被杀，李勣是超级将才，但让他做总统领，协调多路兵马，并不是他的强项。另外，镇守京都长安的是房玄龄，既不是外人，又不是泛泛之辈，你担心什么？除非，你心里依旧看不起这些“刀笔吏”！如果真是这样，你也别再在京郊待着了，随我一起出征！省得再与房玄龄发生摩擦。

李世民强硬拒绝尉迟恭的提议之后，命他为左一马军总管，随军东征。

东征的结果，不能说惨败，只能说惨胜。在李世民看来，自己戎马生涯几十年，有些战斗可定性为失利，但所有战役一定要定性为胜利。

尉迟恭回来之后，重新归于沉寂。这一沉就是十六年。期间包括皇帝在内的众多熟悉的面孔均悄然逝去。

同李世民一样，尉迟恭的晚年生活充满迷信色彩，他吞食仙丹，以求长生不老。

他们孜孜以求的所谓仙丹，其实是云母矿石粉，含49%的二氧化硅，30%的三氧化二铝，高温、耐酸碱、耐腐蚀、附着力强，是一种优良的食品添加剂。可以肯定的是，李世民在第五十个年头上忽然驾崩，与他吞食仙丹有莫大关系；无法肯定的是，尉迟恭在第七十四个年头上安然离去，是否与吞食云母有关？不过，都已经过去了。公元658年12月26日，尉迟恭于家中安详去世。

有这样一个传说。

曾经有一段时间，李世民彻夜难眠，偶尔睡着却又是噩梦连连，为此他身心疲惫。有人建议，让尉迟恭与秦琼全副武装起来，立于寝帐外，阻挡某些东西进来搅扰皇帝。

李世民抱着试试看的态度进行，最终效果甚佳，但恢复正常作息的太宗皇帝，总是内疚于因自己的原因导致两位战将的作息出现混乱，于是请来画师，按照两人的形象绘制成画像，张贴在寝帐两侧，结果效果一样！

从此，皇帝享受的这一特殊待遇被后世子孙们继承，尉迟恭与秦琼成了家喻户晓的门神。

需要提醒某些生产厂家，尉迟恭手里的武器是槊，不是弯月刀，不是柳叶剑，更不是鞭或者锏。

这都不是重点，重点是有一位手拿武器的人在你身边，你竟然能安然入睡，这得需要多大的信任？

对于太宗皇帝来说，他是幸福的，因为在他去世后的第八个年头，尉迟恭去世并陪葬昭陵。

【大事记】

▷公元585年生于朔州善阳（今山西省神池县）；

▷公元617年，投靠刘武周，担任偏将；

▷公元620年，归降大唐，并在数万敌军中勇救秦王；

▷公元621年，辅佐李世民破郑灭夏；

▷公元626年，参与玄武门兵变，诛杀李元吉；

▷公元629年，出任襄州都督；

▷公元632年，迁同州刺史；

▷公元637年，拜为宣州刺史，改封鄂国公；

▷公元643年，为开府仪同三司；

▷公元645年，随唐太宗出征高句丽；

▷公元658年，在家中去世，享年七十四岁。

八方说辞

尉迟敬德曾赤手夺去李元吉的长槊，又多次冲锋陷阵，勇冠三军，后来拒绝李建成等人的贿赂拉拢，为的是报答当年李世民的知遇之恩，竭尽全力，忠心辅佐李世民。

（刘昫，生于887年，卒于946年，五代时期的政治家、史学家，后唐庄宗时任太常博士、翰林学士，《旧唐书》作者）

尉迟敬德投靠以来，李世民对他倍加信任，诚心以待，二人意气相投，敬德感恩于自己遇到这样一个明主，频频立下大功。

宋祁（生于998年，卒于1061年，北宋时期著名的文学家、史学家、词人，曾与欧阳修等人合著《新唐书》）

第七章

李靖：是金子，总会发光的

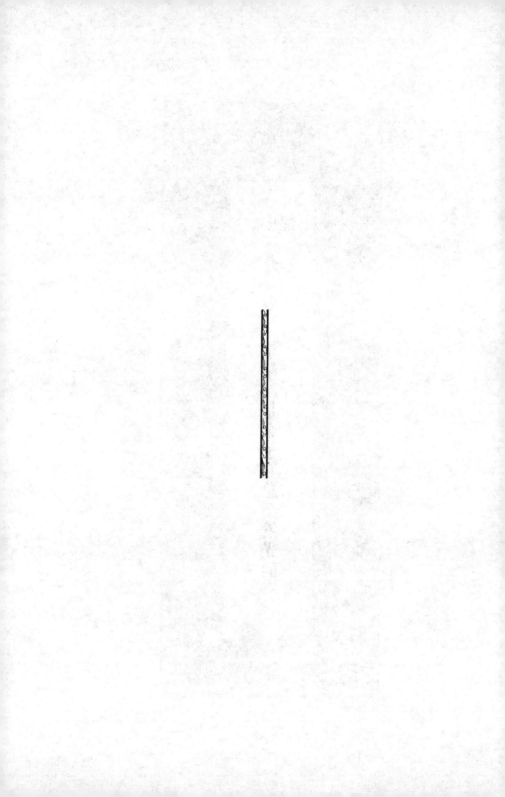

一部《封神演义》，一段儿时记忆。

哪吒也许连自己都不晓得，他曾是个熊孩子。托塔天王李靖（传说中哪吒的父亲）为此伤过大脑筋，不堪困扰的李靖最终从师父燃灯道人那里借来一间黑屋子，并没日没夜地托举着它，只要熊孩子不听话，立马将黑屋子投掷过去，将人罩住。

千真万确，《封神演义》中“七宝玲珑塔”的最初指向，绝不是石头中孕育出来的美猴王孙悟空，而是莲花中孕育出来的三太子哪吒。

《封神演义》只是一个神话传说，哪吒也不是我们本篇谈论的对象。一个事实需要被关注，那就是陈仲琳老先生将原本位于地上的名将李靖，曲曲折折地写上了天，穿过五彩祥云之后，最终变成了托塔天王。

这是一件很有趣的事。

传说中的李靖是位上天入地、擒妖降魔的神仙，现实中的李靖是位叱咤风云、纵横四海的“人仙”。

未来的战神

李靖，凌烟阁二十四功臣排名第八，初唐时期最伟大的军事家。

请注意，有个“最”字。

李靖生于公元571年，比李渊仅小五岁，比李世民却大了整整二十七岁，是标准的大器晚成型人才。

他爷爷曾任殷州刺史，姥爷曾是北周骠骑大将军，父亲官至赵郡太守，家庭背景非同一般。

不过令人费解的是，他本来属于官宦世家，却似乎与中医有着不解之缘——李靖的哥哥字药王，李靖本人字药师，弟弟字客师。

有人大胆猜测，这是他们的父亲李诠以“君臣佐使，主客交汇”的中药理论来为孩子们取名。在《神农本草经》中，也曾以君臣关系来比拟各类中药的药性与主客关系：“上药一百二十种为君，主养命；中药一百二十种为臣，主养性；下药一百二十种为佐使，主治病。”

中医之道讲究君臣佐使，辩证下药；为官之道也要讲究君臣佐使，左右逢源。李诠给孩子们取“药王”“药师”“客师”，显然是用心良苦——在复杂官场行走，要取之有道，用之有度，才能在仕途上高歌猛进，官道上所向披靡，千万不能配错药，走错道。

不过乍听起来，李靖（李药师）这个名字起得很是高冷——郭靖是英雄侠义界的高级典范，黄药师那忽正忽邪的笑声，又会使人阵阵发冷。

单从名字便可知道，李靖天生具备大侠郭靖和大邪黄药师的双重功力，以至于儿时的他曾豪情万丈：“大丈夫若遇主逢时，必当立功立事，以取富贵！”

天生资本加后天勤奋，使得少年李靖与舅舅谈论兵法时，就像在拉家常，《太公兵法》《便宜十六策》《神机制敌太白阴经》，一个个信手拈来，一处处笑谈花开。每当此时，舅舅兼启蒙老师韩擒虎便会拍着李靖的小脑袋瓜儿放言，现如今能配得上与我韩擒虎探讨吴起、孙子之用兵心法的，只有这位小屁孩儿！

韩擒虎到底是谁？怎么在称赞他人的同时，还捡只高帽往自己头上戴？

韩擒虎，隋朝名将，上柱国大将军，传说中的“四大阎罗王”之一，曾用名韩擒豹。

正宗门里出身的李靖，整天跟“战神”切磋，想不“神”都难。

孩子想学唱歌，大人得先识谱；孩子想学演奏，大人得先打鼓；孩子想学舞蹈，大人要先会扭屁股——大人的亲身体验是孩子成长路上最亮的灯塔。

李靖从来没有怀疑过自己未来的军旅坦途，因为舅舅韩擒虎用无数次胜利证明，这条路能走通。

小屁孩儿李靖的名气越来越大，成了父亲李诠朋友圈里的宠儿。每当李诠晒李靖的机智英俊时，都会引得同僚们一片评论和点赞：吏部尚书牛弘称赞李靖有王佐之才，杨素认为自己左仆射的位置将来非李靖莫属……

不过也有人不愿随波逐流，他非但不点赞，还频频扔鸡蛋，给差评——大隋朝第二任皇帝兼小肚鸡肠的典型代表杨广，正怀着深深的忧虑，一个人躲在阴暗角落里，偷窥着阳光下五彩斑斓的李靖。

李靖从来没有怀疑过自己，杨广却始终怀疑着李靖。通过非正常手段上台的杨广，担心李靖通过正常手段抢去他的风头，或者干脆抢了他的头。显然，杨广不会像杨素那样，指着自己的位置慷慨地说，将来这个位置就是你的了！因为他还想在皇帝的位置上多坐一会儿。

杨广嘴里吐槽的同时，手也没闲着，一而再、再而三打压李靖，导致李靖的理想时常在高空泛滥，官职却总在低空游走。

李靖是风筝，杨广便是不愿放风筝的人。只要他攥着线，李靖要想飞高，风也帮不了他。

“大丈夫若遇主逢时，必当立功立事……”可残酷现实向李靖表明，他既没遇到明主，也没赶上好时候。李靖这匹千里马，在杨广制定的游戏规则中逐渐长大，又逐渐变老。

有没有伯乐？当然有，韩擒虎、杨素、牛弘都是伯乐，可隋炀帝手里拿着闷头棍，李靖这匹千里马怎能华丽亮相？

长安县功曹李靖，殿内直长李靖，驾部员外郎李靖，李靖被青春撞了无数次的腰。所谓的驾部员外郎，就是弼马温。

唯美爱情传说

官场失意，情场必须得意，李靖在官场摔得鼻青脸肿时，情场却开始暖意绵绵。一个女人出现，一段唯美爱情传说诞生——李靖曾经到尚书左仆射杨素家里做客，尽管谈论的内容都是仕途坎坷和官场冷酷，但李靖藏不住的英俊潇洒与温文尔雅，还是将杨仆射身边的一位丫鬟征服了。

这位丫鬟，便是传说中有名有姓的张红拂。在中国古代，女人的姓名极少被人提及，为什么张红拂是个例外？

其实严格来讲，张红拂不是一个名字，而是一个简称，全称是“站在杨素身后，手拿红色拂尘，为主人驱赶蚊蝇的张姓丫鬟”。

张红拂这个名字是唐传奇小说《虬髯客传》中杜光庭杜撰（“杜撰”一词和此人有关）出来的，其真名已无从考证。

不过李靖的夫人的确姓张，她去世之后，墓志铭由魏徵书写，碑名则由李世民亲自撰写——“大唐特进兵部尚书中书门下省开府仪同三司卫国公李夫人张氏之碑”。尽管二十九字碑文中，前二十五个字说的都是她丈夫，但皇帝为她立碑、宰相为她作铭的殊荣，下辈子足够她享用。

特进、兵部尚书、中书、门下省、开府仪同三司、卫国公，是不同时期李靖的官职名称。实际上，李靖或许是世界上职位职称最多的人，功曹、殿内直长、驾部员外郎、马邑郡丞、授开府、行军总管、行军长史、上柱国、永康县公、荆州刺史、岭南道抚慰大使、桂州总管、副元帅、东南道行台兵部尚书、扬州大都督府长史、安州大都督、灵州道行军总管、刑部尚书、中书令、兵部尚书、代州道行军总管、代国公、定襄道行军总管、尚书右仆射、畿内道大使、特进、西海道行军大总管、卫国公、濮州刺史（世袭）、开府仪同三司、司徒（死后追封）、并州都督（死后追封）。七十九载坎坷路，三十二职笑苍穹，李靖的一生是辉煌的一生。

李靖对着杨素一阵感世伤怀，红拂女对李靖则是一见倾心。李靖起身告辞之后，张红拂立刻安排下人，暗踩朦胧夜色，尾随李靖直到住处。

知道心上人的确切位置以后，张红拂丝毫没有耽搁，立刻跟着感觉走，拉起梦的手，脚步轻轻地敲开了李靖的门。李靖房门与心门一同打开，他无限忧虑地看着大半夜偷偷跑来的痴情女孩儿——主人杨素要是知道了，必定会大发雷霆之怒，后果会很严重的！

但张红拂却斩钉截铁地告诉他，最近陆续有丫鬟外逃，也没见杨

素有什么过激反应，可能是年纪大了，耳聋眼花，接收外界信息的能力减弱，也可能是早已看淡一切，将五彩斑斓统统抛到脑后，所以靖哥哥大可放心，绝对不会有事。夜月一帘幽梦，春风十里柔情。时间不早，让我们携起手来，向幸福出发，私奔到爱的彼岸吧！

杨素后知后觉之后，也曾派人到处搜寻。不过李张二人早已乔装改扮成商人模样，东出长安，奔马邑（北方军事重镇，今山西朔州）去了。

李靖为什么会奔走马邑？

因为隋炀帝杨广颁下诏书，拜李靖为马邑郡丞。此时的李靖已经四十六岁，小屁孩儿熬成了老男人，曾经的风华正茂正被越来越多的皱纹替代。李靖拥着妻子，终于确信：按照自然规律，他们将自然老去，人生除了爱情之外，几乎全是空白。

金子终于发光了

他是一坛深埋地下数年的老酒，等待有缘人去发掘，去品味；他是一颗生不逢时的老树，等待护林人去浇灌，去修剪。历史就是要与大龄青年李靖开个玩笑。

公元617年，也就是杨广死去的前一年，大器晚成的“金子”李靖开始发光。

不过对李渊来说，下属李靖发的第一道“光”，不是温暖宜人的阳光，而是恐怖袭人的死光。这一年，当李靖察觉到李渊父子有反叛的苗头之后，立刻将自己装扮成一个囚犯，瞒天过海，远赴江都，准备到隋炀帝面前告发他们！

当初李靖逃离杨素视线时，曾化装成商人，现在逃离李渊视线时，又化装成逃犯。他似乎很能“装”。

化装是掩人耳目，是出其不意，是兵不厌诈。李靖的两次出逃事件，是军事才能的体现。

足智多谋的李靖出逃了。在爱情的暖阳中打盹的中年人，还是那样天真。别说隋炀帝杨广不相信李靖，即便他知道李渊真的要造反，那又能怎样？北方已经乱成一锅粥，杨广唯一能做的，就是躲在扬州的后花园中，等待黑夜来临。

李靖的百转千回之术终究没有成功，他伴着蹉跎岁月，辗转到了长安，恰巧被守城的隋军看到，以为是越狱的囚犯，立刻抓入牢中。

抓错了，我要去江都告发李渊！我要去面见皇上！李靖对着士兵狂喊。

你不用告发，李渊就在城外！隋朝大兵们认为李靖智商有问题。

原来李渊父子太原起兵后，立刻向大隋摊牌，战火纷飞，一路烧到了长安。

李靖智商没问题，他在被隋炀帝压制了几十年以后，是情商出了问题。

长安破城之日，李靖在牢狱中大喊大叫，说要面见李渊。李渊知道李靖从自己手底下逃跑，很感“兴趣”，将李靖从监狱里提出来，准备与他开门见山地聊聊。

李靖一见面便首先承认，自己曾准备去江都告发李氏父子谋反，但没有成功。

真相果然如此残酷！当逃兵也就罢了，怎么能无端断人前途！李渊挥一挥手，准备让李靖立刻走上黄泉路，李靖见状后高呼：“公起义兵，本为天下除暴乱，不欲就大事，而以私怨斩壮士乎？”

语言是一门艺术，李靖很好地驾驭了这门艺术，给李渊戴了两顶大帽（义兵，为天下除暴）的同时，也给自己留了顶小帽（壮士）。

既然大家都是有帽子的人，就不要小里小气，以私怨泄私愤了！

李靖话音已落，李渊的气似乎有消去的迹象。李世民趁机说情，李渊最终答应将李靖留在秦王府中试用。

李世民拉着李靖的手走出大门，李靖抬头望了望天，天一下子晴了。一个四十六岁的怀才不遇者，被压制了几十年，忽有一天遇见贵人，海阔凭他跃，天高任他飞，李靖长长出了一口气。杨广驾驭不了李靖，就索性束之高阁；李渊驾驭不住李靖，就索性倒手给了儿子；李世民觉得自己能驾驭，于是事就这样成了。

王世充留不住人，窦建德服不了人，萧铣对不住人，李世民不住要人，这便是李世民的高明之处。

李靖是头猎豹！李世民暗暗地想。

我是头狮子！李靖偷偷地讲。

其实，他是条霸王龙。

公元619年，李世民东征洛阳，将李靖带在了身边，李靖很快“以功授开府”。

但是洛阳战役起初进行得并不顺利，河北的窦建德已经与洛阳的王世充结成战略联盟，共同抗击唐军。作为一国之主的李渊，变得焦虑起来。正在这时，一件更为可怕的事情发生了：南方的萧铣，开始向大唐发动进攻！

萧铣，梁朝皇族后裔，也是一位仕途失意者，家族昔日的辉煌已成过眼烟云，祖先的土地也早已被隋朝吞并。叹了几十年气的萧铣一次次拿起锄头，开垦着汗水浸染过的土地。

直到一个本家姑姑嫁给隋炀帝之后，情况才略有改观。姑姑想让侄子做官，杨广也觉得萧铣虽是梁朝后裔，却看不出有什么反隋复梁的政治资本，便做了个顺水人情，让他做了罗县县令。

萧铣的这位姑姑，便是日后的萧皇后。

从605年到617年，萧铣在县令的位置上一干就是十二年，没有花香，没有树高，依旧是棵无人知道的小草。

同样拥有祖先的荣耀光环，又被同样的人打压，结果同样的怀才不遇，最终又在同样的年份（617年）崛起。李靖与萧铣，一个深沟里爬出来的一对生死冤家。

当日久弥香的李靖被李世民发掘的同时，“百年陈酿”萧铣也被董景珍发掘了出来。公元617年，董景珍、雷世猛、郑文秀、许玄彻、万瓒、徐德基、郭华、张绣等起兵反隋，一致推举董景珍做老大。

结果董景珍没同意，认为自己出身低微，号召力不够，不能胜任。但他推荐了一个人，便是罗县县令萧铣，祖先是先朝皇帝，人又宽厚仁慈，只要拥戴他，定会有前途。董景珍说完后，唯恐有人不服，便又故弄玄虚：“现在大隋朝的冠带服饰，全部称为‘起梁’，什么意思？就是‘梁起’呀，是上天让梁朝再次崛起。”

道理讲不通时就讲哲理，哲理讲不通时就讲“玄理”，对于当时的特定人群来说，玄理一讲就通。

于是一番周折之后，萧县令摇一摇身，变成了萧皇帝。据说登基那天恰巧有异鸟飞过，于是取年号为凤鸣。

岭南王的诞生

萧铣做了皇帝以后，第一件事便是光宗耀祖，封堂叔为孝靖帝，封祖父为河间忠烈王，封父亲为文宪王。封完大祖宗，接着封“小祖宗”，封董景珍为晋王，封雷士猛为秦王，封郑文秀为楚王，封许玄彻为燕王，封万瓒为鲁王，封张绣为齐王，封杨道生为宋王。

晋王、秦王、楚王……名字听起来复古而大气，萧铣真把自己当成了华夏大地的最高统治者。他想让自己的梦想多飞一会儿，于是带领群豪，攻城略地，开疆扩土，令杨道生攻陷南郡，令张绣略定岭表，一时间声威大震。史书记载“萧铣的领土东至三硖，南尽交址，北据汉川，胜兵四十余万”。

对于一个会玩的人，玩得越大，越刺激；对于一个不会玩的人，玩得越大，玩完得就越快。

萧铣手里握着四十万雄兵，脑袋开始膨胀，觉得复仇的机会已经来临。不过现实很残酷，那些曾经的仇人都已纷纷死去，丝毫没给萧铣任何翻牌的机会。

既然没了仇人，就只能找仇人的亲戚报仇。唐主李渊，杨广的表哥，是新的复仇对象。

公元617年，萧铣迁都江陵之后，立刻派杨道生攻打硖州（湖北宜昌西），结果被硖州刺史许绍击败。远在长安的李渊闻听萧铣竟然主动攻击大唐，勃然大怒，和李世民商量之后，借调李靖去巴蜀前线，帮着李孝恭剿灭梁朝伪政权。

李靖满怀抱负，打马扬鞭去了硖州，随后便一切归于沉寂。史书上说李靖“既至硖州，阻萧铣（被萧铣阻），久不得进”。

被萧铣阻了多久？时间推算下来，至少半年以上。

一个被李世民不住夸奖的所谓超级战将，却被一个梁朝没落贵族无限期地挡住去路，什么情况？也许李靖根本没什么本事！李渊得知消息后相当生气，立刻写信给硖州都督许绍，让他将李靖这个欺世盗名的家伙就地正法。

多亏许绍慧眼识珠，看出李靖是一块有待打磨的璞玉，立刻给李渊回了封长信，极力劝说李渊，再给李靖一次表现机会，李渊勉强同意。

正好四川蛮族犯上作乱，攻击夔州（今重庆奉节）城，赵郡王李孝恭自己搞不定，向京城求救，李渊令李靖抗击蛮寇，戴罪立功。李靖虎口逃生后心有余悸，临深渊、履薄冰，率八百精骑奇袭蛮族部落，斩杀首领冉肇则，俘获五千余人。

李靖的动作干净利落，远在京城的李渊笑了，当着满朝文武的面夸奖李靖"朕闻使功不如使过，李靖果展奇效"，当众写下诏书"卿竭诚尽力，功效特彰……勿忧富贵也"，还偷偷地给李靖写了封信"既往不咎，旧事吾久忘之矣"。

什么旧事？李靖受阻，停滞不前？这件事刚发生不久，算不上旧事。

李靖，还记得吗？就在几年以前，你竟然化装成犯人，要到江都隋炀帝那里告我谋反！想想就好笑！不过一切都过去了，你现在戴罪立功，以前的事，就不提了！

大唐的人们走向团结，大梁的人们走向分裂——正当李渊与李靖之间的君臣情义日渐浓烈时，梁朝的主仆们却渐行渐远。

原来，董景珍自恃功高，越来越不把萧铣放在眼里，而且董派势力极强，各路将领都是他的人，萧铣的权力被无情架空。

照此下去，不但光复不了大梁，就连现在的劳动成果也守不住，怎么办？萧铣开始日益焦虑。

焦虑之后，是长达数日的思考，董景珍为什么这么牛？还不是他手下的那些将军！那些将军凭什么这么牛？还不是因为手里掌握着军队！

好吧，现在我以农村缺少劳动力为由，将部队全部解散！一个个都回家种地去，给你董景珍来个釜底抽薪，手里没有兵，你、你、你们，还牛个屁！

把原本四十万的部队全部马放南山，只留下了少数守城嫡系，萧铣开创了一种夺权新方法。不过他不知道，他夺去别人权力的同时，也夺去了自己的命。

完全恢复自信的李靖瞅准时机上书朝廷，献上破梁十策。李渊完全采纳，同时通知侄子李孝恭，鉴于李靖最近的一系列突出表现，在攻打萧铣的紧要时刻，出于稳妥方面的考虑，应将战地军事指挥权全部交给李靖（“三军之任，一以委靖”）。

李孝恭表示，将无条件执行叔父的决定。

武德四年（公元621年）8月，在重庆奉节县，李靖完成部队集结之后，准备立刻渡江。此时江水大涨，水流湍急，大唐的将军们开始犹豫——江水泛滥，一泻千里，若强行放舟，必九死一生。长江三峡以及峡中数不清的暗礁，就如同潜伏在水面之下张着血盆大口的鳄鱼，正焦急等待着……

意见不统一，只能开会讨论。李靖在会上的发言简洁有力：兵贵神速，机不可失。咱们觉得不好行船，萧铣也会这么想，他绝对料想不到，我们会在长江水涨时攻击他。我们就是要出奇兵，顺流而下，打他个措手不及！“此必成擒也。”李靖大手一挥，最终拍板定案。

“以正合，以奇胜。”道理谁都懂，但在凶险的季节里，通过凶险的三峡，到达凶险的江陵，与敌人展开凶险厮杀，保住性命的几率有多大？

谁也不愿多想，既然主帅想拼命，只能陪着他笑傲大江。

奇兵出奇效，李靖率领唐军以迅雷不及掩耳之势，接连攻下荆门和宜都两座军事重镇，随后占领夷陵（今湖北宜昌），直插梁朝腹地。此时萧铣才得知，原来唐军趁着江水普涨，千里跃进，已经到了家门口，急忙调大将文士弘率领数万精兵前去应敌，打算让文士弘在清江口打一场阻击战。

文士弘是一个厉害人物，但要看跟谁比。几番较量之后，李靖率五千精锐，打垮文士弘，一举突破清江防线，随即兵临江陵城下！

这是历史上一次著名的突袭战，而对于李靖来说，类似的突袭战还会有很多。

萧铣没有机会看《西游记》，但他的感觉，就是托塔天王带着天兵天将要下界捉他。在萧铣看来，这一切的一切，都似乎是天意。

此时江陵城有多少守军？不足五千人。与之形成鲜明对比的是，唐军在李靖的统一调度下，正从四面八方涌来：庐江王李瑗自襄阳发兵，已至江陵；田世康自辰州（湖北沅陵县）发兵，已至江陵；周发明自夏口（武汉汉口镇）发兵，已至江陵。

辽阔的楚地之上，秦腔四起。

此时的萧铣，正在起草征兵文书。唐军兵临城下，他才想起征兵。

可四十万大军早已分布到了江南与岭南各地，正忙着收割庄稼、洗洗刷刷，谁还愿意过来？

不过萧铣仍相信，在不远的地方，数万军队正在集结，几天之后，就会赶来支援。

一天天过去，萧铣的一线希望最终变成奢望，他开始消极抵抗。抵抗的结果是，成批的士兵阵亡，成批的船只被唐军抢占。

长途奔袭与清江口决战，对于唐军来说也有相当损失，现在获得这么多战利品，抢了这么多船只，很应该高兴。有了船只，就可以补充军需，以利于后续战斗。江陵拿下只是第一步，后续的水路还很长。走江南，下岭南，要解放整个大梁领土！没有船只，在南方水乡怎么战斗？

可是唐军却怎么也高兴不起来，因为李靖宣布，将俘获的大量敌人舰船全部放到江中，任江水冲走。

为什么放着眼前的利益不要，让其打水漂？李靖将军又在瞎琢磨什么？士兵们纷纷表示不理解。

你们迟早会理解！李靖天才地预见到，也正如萧铣所梦想的那样，一支近十万人的支援部队正在长江下游某处集结，即将涌向江陵城。

可正当这伙人登船西进时，迷雾中却看到数不清的、打着梁朝旗号的幽灵船只，正陆陆续续从江陵方向飘过来。

这明显不是海市蜃楼。一阵阵毛骨悚然之后，是彻底的灰心失望，梁朝援军的第一感觉是江陵已经结束，第六感觉是大梁全得结束。

跟着感觉走，脚步才能越来越轻柔——刚刚汇集成型的支援部队，宣布就地解散。

漂走几千条船，能挡住十万大军。战争在李靖手里，似乎并不复杂。

由自信到自卑，由自卑到自责，萧铣彻底绝望。他告诉部下，梁朝气数已尽，倘若继续抵抗，只会让更多人死去，做人不能太自私。趁着内城未被攻破，我必须走出城门，倘若能牺牲我一个，保全一座城，我会含笑九泉。

萧铣认为，如果他不这么做，唐军很可能会屠城。他的感觉是对的，这些从奉节冒死前来、途中闯过数道鬼门关的唐军，正准备在城破之日杀死所有，掠夺一切。

杀死所有人？我看谁敢！主帅李靖提着宝剑，对着所有人：在即将到来的凯旋时刻，所有作战部队都要给我规规矩矩进城，老老实实做事。任何人，无论官职有多大，地位有多高，无端扰乱当地百姓的生活，情节严重的，立斩！

囚车，从江陵城里缓缓驶出，目的地：长安。三十九岁的萧铣，人生终于落幕。

李靖灭了梁朝以后，声威大震，远在长安的李渊大喜，加封李靖为上柱国（唐代的官分为职事官、散阶、勋官、爵位，上柱国属勋官，是对作战有功的人的特别表彰），封永康县公（公、侯、伯、子、男五个爵位，公属最高爵位，仅次于王），赐物两千五百段，同时让李靖在现有官职的基础上，兼任荆州刺史。

李靖随后对南方各州县恩威并施，岭南各地的梁朝残余部队全部投降，九十六州相继并入大唐版图。李渊觉得李靖万里奔波，很是劳苦，又加授李靖为岭南道招慰大使，并兼任桂州总管。

封官是唐高祖李渊的特长，自太原起兵以来，李渊封官的步伐从来没有停止过，以至于李世民接手之后，迫在眉睫的一件事情，就是裁员。不过对于父亲不断加封李靖的传统，李世民则充分继承。

北方的李靖，在南方的一系列苦心经营之后，成了人见人爱的和平使者，不折不扣的岭南王。

一波刚平，一波又起，公元623年，辅公祏在丹阳造反，李靖带领岭南子弟，从桂州出发，千里奔进，突袭丹阳，一举将辅公祏送上断头台。

消灭了江南的辅公祏以后，整个长江以南，基本都归了大唐，李靖南方第一功臣的名号当之无愧，等待他的，是又一波封官高潮——东南道行台兵部尚书、扬州大都督府长史（战时的长史类似于军师，部队的实际指挥者）。

从洛阳打到巴蜀，从巴蜀打到中南，从中南打到岭南，从岭南打到江南，五十岁的李靖用一个又一个胜利，从理论和实践上证明了大器可以晚成。李靖的“奇袭”战术，也开始被崇拜者们竞相效仿。

公元625年，一桩真正的买卖摆在了李靖面前——突厥在沉寂了几年之后，忽然入侵太原！

太原是李氏修身齐家治国平天下的地方，现在老家被人践踏，李渊心如刀绞，他立刻下诏，将战火中出类拔萃的李靖，从江南水乡调往北方大漠。

李渊认为，只有突出的人，才能对付突厥人。

李靖二话没说，就地取材，抽取江淮精兵一万，直奔大谷，与张瑾合兵一处，准备抗击匈奴。

突厥人此时的战斗力还是相当强。北方马背上民族的剽悍，似乎比南方的萧铣、辅公祏更胜一筹。李靖在南方时势如破竹，在北方时举步维艰。

不过相对于其他的唐军将领来说，李靖虽然没有大胜的卓越战绩，却也没有大败过（“时诸军不利，靖众独全”）。

这对于见多识广的李渊来说，已是相当满意。当年他镇守太原重镇时，李氏家族曾与突厥人数次交手，对敌人的战斗能力还是有切身体会。现在李靖能与之大漠论剑，武功比肩，也着实不易，因此李渊当着满朝文武，极其情绪化地论断：古代的韩信、白起、卫青、霍去病，跟李靖比起来差了十万八千里。说完之后，李渊当庭宣布，加封李靖为安州大都督。

当然，皇帝的评价也只能参考，在李靖看来，没有干净利索地干掉对手，就是失败。他在研究对手战法，苦思克敌良策，寻找翻盘机会。

不过，准备在军事海洋中畅游的李靖，却需要到政治陆地上走走了。

重用与犯忌

公元626年，玄武门之变爆发前夕，对于究竟支持哪一方，李靖充满迷茫。作为自己的衣食父母，近些年来李渊对官帽子毫不吝惜，一个个叠加着戴在自己头上，实在不好意思跟人家唱反调。既然这样，要不支持李建成？太子名分是皇帝给的，支持李建成，某种意义上就是支持李渊。

但李世民是自己的伯乐，又有远大理想与政治抱负，而且李唐的半个天下，也都是这孩子打下来的，多劳应该多得，他孜孜不倦地争取皇帝身份，似乎也不过分。

难，实在是难。

越纠越结，不如彻底放手，李靖最终决定，谁也不帮，免得落下后遗症。

李靖一不纠结，玄武门之变立刻爆发，太子、齐王先后被杀，李渊被动失势，李世民来到权力顶峰。直接参与进来的长孙无忌、房玄龄、杜如晦、尉迟敬德、侯君集功劳第一，仕途自然是一路高歌，“钱”途也是一片大好——每人均获封一千两百户。

李靖事先没有积极参与谋划，之后又没有支持秦王府的明显动作，怎么处理？笞、杖、徒、流、死，让他挨个“享受”下？如果换做隋炀帝杨广，还真有可能。

李世民不是隋炀帝，他思考问题很辩证，对于李靖来说，不直接支持所谓的“正宗”太子李建成，就是在间接支持自己！

可李靖在关键节点上，的确没有一丝贡献，怎么加封？如果无私封赏，让那些有一丝贡献的人怎么想？

要知道，房玄龄在改造旧世界的过程中立下如此大的功劳，封个中书令还有人说三道四，李靖只是站在旁边看热闹，就能“看”个了不起的官？

看来，算“总账”的时候到了。

先算“旧账”——昔日的李靖诛萧铣、平岭南，灭辅公祏、安江淮，再算“新账”——前不久，可恶的颉利可汗趁着大唐内乱，竟勾结突利可汗大举南侵，占泾阳、吞渭水，差点兵临长安城，而灵州道行军总管李靖千里奔袭，奇迹般地抄了颉利后路，给敌人造成了巨大心理压力，最终逼迫突厥人坐到了谈判桌前。

“新账”“旧账”一起算，封李靖一个刑部尚书，其他人一定不会有意见！

“军事账”算完了，再算“经济账”——李靖毕竟没有直接参加革命，没有经过血与火的洗礼，其内心活动短期内也不好掌握，鉴于此，别人食邑一千多户，只能给李靖四百，不算富裕，但绝对饿不着。

大家看看还有什么意见？没意见，就这么定了。李世民发现自己宣布完决定之后，没人言语。

老爷子李神通曾对同一个战壕内的房玄龄、杜如晦说风凉话，讽刺人家是刀笔之吏，但是对战壕外的李靖，却选择沉默；玄武门前后立下奇功的尉迟恭，开始疯狂地看不起人，但对于李靖的升职事件，也选择无语。

两大粗人没什么意见，其他“细人”更好说话。李世民心里一下有了底，他要继承父亲的优良传统，继续升李靖的官——公元627年，也就是贞观二年，李靖在仍兼职刑部尚书的情况下，升任中书令。

唐朝官场的三条大船中书、尚书、门下，李靖脚踏了两只——既是中书省的头把交椅，又是尚书省的分舵舵主。

不过中书令是彻彻底底的文职干部，让武学奇才李靖来担任，合适不合适？

当然合适。用宰相王珪的话讲，李靖才兼文武，是出将入相的人物。

李世民为什么一个劲儿地提拔李靖？

因为在李世民的心底，有一种痛，一种说不出的痛，一种突厥人给的痛。他之所以如此重用李靖，就是想将这种“痛”打包装箱之后，加倍回寄给突厥人。

公元629年，突厥发生内乱，冷眼旁观的李世民终于迎来了彻底翻盘的机会。他拜李靖为兵部尚书，兼代州道行军总管，准备对突厥进行最猛烈的痛击。

代州（今忻州市代县）位于山西省东北部，北踞恒山余脉，南跨五台山麓，是抗击突厥的最前线。李世民派李靖到代州，目的很明确：他想给李靖一个机会，一个彻底消灭突厥（这里指东突厥）的机会。这正是李靖所需要的，他要成为“战神”，就必须战胜貌似不可战胜的敌人。

李靖一到军事重镇马邑，立刻带领三千骁骑，奇袭恶阳岭，打了突利可汗一个措手不及。突利紧张之余又充满迷惑：“唐军若不倾国而来，靖岂敢孤军而至？”

充分了解突利的心智之后，李靖的心一下平静下来。他要将战争技术当做艺术玩，先不动刀枪，直接派间谍潜伏到突利大营，吃饭、请客、送礼一条龙，最终将包括康苏密在内的主力战将，成功策反。

随后，三千铁骑一起出动，趁热打铁。突利政权被蹂躏于无形，突利本人也被砸成铁饼，作为突厥双雄之一的突利，突然失利。

突利的失利，意味着突厥人失败了一半，另一半颉利大可汗也开始变得不再吉利，他早成了惊弓之鸟。

李靖丝毫不给敌人喘息机会，立刻发动定襄战役。颉利仓皇逃跑，退保铁山，并派人火速赶往长安，想找李世民商量商量。

半截子入土的人，还有什么好商量的！李世民拜李靖为定襄道行军总管，命他偷偷找准机会，一劳永逸地歼灭颉利，同时命唐俭、安修仁出使突厥——只有表面文章做足了，底层的文章才好做。

唐俭、安修仁明修栈道，李靖、张公瑾暗度陈仓，颉利继续逃跑。

颉利的心理是不平衡的：明里放和平鸽，暗里撒战斗鹰，李世民做人真不地道！想当年李氏一家起兵太原，口口声声说要膝下称臣，还许诺将来中原面南背北时，对突厥国会有疯狂的物资回报。我方基于同盟理念以及因物资匮乏造成的渴望情绪，最终答应你们，不会背后捅你们刀子。可现在南部所有江山你们均收入囊中，大唐的皇帝也做了十年有余，传说中疯狂的物资回报呢？别说疯狂，就连平平常常的一粒米我都没见着！现在我们内乱，你们趁机隔三岔五过来找麻烦，你们难道忘了旧情谊了吗？一路向西，准备逃亡到吐谷浑的颉利可汗，满肚子的委屈。

他哪里知道，李世民在这件事上，早就憋了一肚子的火："往者国家草创，太上皇以百姓之故，称臣于突厥，朕未尝不痛心疾首，志灭匈奴，坐不安席，食不甘味。今者暂动偏师，无往不捷，单于款塞，耻其雪乎！"你与我大唐结盟，无非是想要点东西，还提什么虚假同盟！先帝为了国家称臣于突厥，我恨不能饥餐胡虏肉，渴饮匈奴血，还谈什么狗屁情谊！

李世民生完突厥人的气后，开始生李靖的气。他生突厥人的气，是事出有因；他生李靖的气，属无中生有。

李世民用"暂动偏师"四字，表达了两层含义：杀猪不用宰牛刀，虽然皇帝没有御驾亲征，也照样能够灭突厥，这场剿灭东突厥的战争，也就是唐军在随机的时间内，随便玩的一个死亡游戏；李靖虽然无往不捷，但他领导的军队，属于偏师。

这是一个信号，一个危险信号，对于李靖来说。他万万没有想到，扫除东突厥凯旋，迎接他的不是鲜花和掌声，而是怀疑的眼光与斥责的口吻。

“飞鸟尽，良弓藏，狡兔死，走狗烹。”范蠡带着西施离开越国之前，给他的老友文种留下了一句话，可惜文种当时没读懂，或者是懂装不懂。

一千多年以后，御史大夫温彦博用另一种方式“提醒”李靖。李靖开始不懂，在李世民的不断提醒下，彻底懂了。

温彦博在皇帝面前谗言，李靖在平定突厥的过程中，军无纲纪，导致许多战利品，包括数不清的奇珍异宝，几乎全部遗失。遗失到了哪里？据“可靠”消息，遗失到了数不清的普通士兵手中——原本应收归国有的东西，在某人睁只眼闭只眼的情况下，变成了一个个私藏品。

李世民耐着性子读完温彦博的小报告之后，勃然大怒：大唐自诞生之初，周边全是敌人，战火连天，烽火连绵，十几年来从来没有停止过，导致国库亏空，国力消耗巨大，迫切需要补充。如今好不容易从突厥那里弄到点好东西，却被一帮贪婪之徒据为己有！李靖身为军队的高级军官，竟纵容下属违法乱纪，他这一来二去的，是想干什么？李世民在盛怒之余，准备下手。

在大漠中摸爬滚打数月，好不容易将颉利可汗们赶成鸟兽散的李靖，做梦都没有想到，等待他的不是红地毯，而是批判，批判，再批判。

突如其来的恐惧才算真恐惧，不期而遇的鬼最能吓住人。

年近六十的老人李靖，在没有丝毫铺垫的情况下，直接被温彦博带进了黑暗死胡同。李靖感觉无路可走，脚下发软，两腿哆嗦，对着李世民“顿首谢”。

点点头说声谢谢？李靖没那么洒脱。

惊吓过度的李靖，在李世民面前，在因卓越战功带来的优越感丧失殆尽的情况下，随时随地跪下磕头，无休止地检讨、自责。

李世民的气，似乎有消下去的迹象，他暗示李靖，错误尽管很大，也不是不可以原谅。李靖终于看到了生的希望。

突厥人是不是真有数不清的奇珍异宝？李靖是不是真的治军不严，导致国家可支配性收入断崖式降低？

漫天黄沙，大漠孤雁，颉利可汗连喝水都成问题，能有什么奇珍异宝？退一步说，他就算有，能多过南方的萧铣、辅公祏？当年攻克江陵城时，李靖坚决抵制因城内巨大财富带来的致命诱惑，严令三军决不准动城内的一砖一瓦，一切的一切，都要收归国有。现在到了北方突厥那里，就性情大变，放任手下任意掠夺？这不是李靖的做事风格。很显然，李靖是被诬陷的。

史书中针对这一事件，也有明确交代："温彦博害其功，谮靖军无纲纪。"

谮，诬陷、中伤的意思，温彦博诬陷李靖，是出于"害其功"。

一个御史大夫，一个行军大总管，文武迥异，八竿子打不着的两个职位，温彦博嫉妒谁不行，非要嫉妒李靖？

而且既然事后已经知道温彦博诬陷李靖，为什么不治温彦博的罪？按照大唐律法，诬陷朝廷命官，情节严重的，要被流放到外地服两年苦役。

实际情况是，温彦博非但没有被治罪，还被大大地封赏：贞观四年（公元630年），也就是"诬陷"事件发生的第二年，温彦博由御史大夫升任中书令，六年之后，又升任尚书右仆射。

事情再清楚不过，不是御史大夫"害其功"，而是皇帝"害其功"；不是温彦博嫉妒李靖，而是李世民担心李靖。

担心李靖什么？

那还用说。

既然你有可能功高盖主，我就先盖了你！李世民用自己的实际行动，诠释了一位精明政治家的全部含义。

对于打压时机的选择，李世民信手拈来——在你最得意忘形、毫无心理防备的时候。

有功就赏，有过就罚，那是基本技术，不是高级技术，领导是门高级技术。

一种不是巧合的"巧合"是，当魏徵的仕途处于快速高升期时，温彦博也曾不失时机地在太宗面前告发，说魏徵"阿党亲戚"。尽管事后查明纯属子虚乌有，但魏徵无端挨了一闷棍之后，让他在人面前始终矮了半截。

温彦博是皇帝手中的一把肉锤子，谁冒得高、冒得快、冒得不着调，锤子就会下落，脓包就会突起。

五十知天命，六十耳顺，大器晚成的李靖仿佛一夜之间成熟了许多，面对李世民的严厉责备，李靖只能选择默默承受。

但李靖毕竟有大功于社稷，适当的敲打、警醒之后，必须要有一系列的安抚。李世民平息了怒气，安慰李靖，当年隋朝猛将史万岁勇破突厥达头可汗，到头来却被杨素无端陷害，又被隋文帝莫名冤杀，历史教训惨痛，生命凋零无主，不过你放心，我一定会以史为鉴，面向未来，“赦公之罪，录公之勋”！

李世民的诺言很快实现：封李靖为左光禄大夫（从二品），并赐绢布千匹。

紧接着，李世民找李靖谈心，并面露自责，说前些日子有人诬陷李靖，他当时有点“那个”，现在已经彻底查清，对于他来说，也是很痛的领悟，让李靖千万别往心里去。

一根大棒，外加几根胡萝卜，老人李靖开始有点吃不消，渐渐学会适应。一切都结束了，李靖呆在京城，安心做起了小白兔。

只要别乱动，一定会更好。很快，李靖又被赏赐绢布两千匹，并升为尚书右仆射，开始与房玄龄平起平坐。

不过，受惊吓过度的李靖来到宰相的位置以后，誓要将谦虚谨慎进行到底，每当与众宰相参政议政时，“恂恂然似不能言”。

一向能说会道的李靖，竟然“似不能言”！是语言神经中枢受到了些许损害？

不是语言神经中枢受到些许损害，而是整个脑袋受到了强烈“撞击”。

不是不会说，而是不敢乱说。

或者是，不敢多说。一句话说得不对，被皇帝叫过去当头棒喝一下，李靖适应不了这种节奏。正一天天老去的他，精神上、肉体上都已承受不起。

但身处复杂官场，再脆弱的心都要学会承受。贞观八年（公元634年），李靖被从宰相的位置上请下来，担任畿内道大使。

畿内道大使貌似小众，其实很大众：到京城周边乡村走走，了解一下当地风俗，体察一下当地民情，与大众同乐。

这对“战神”李靖来说，有点过于放松。可是不这样，还能怎样？滋养李靖的土地是战场，现在战争远去，战场已成海市蜃楼，李靖只能凑合着活。

但李靖真真切切地适应不了眼前的生活，很快上书朝廷，说长年累月的军旅生涯，造成脚部损伤，不适合到处奔走，希望皇帝能够体恤，允许在家中安享天年。

李靖在表达自己想法的时候，“言甚恳至”。

李世民立刻同意，并派中书侍郎岑文本到李靖家中慰问，表达了朝廷对李靖高风亮节、急流勇退精神的褒扬：古往今来，身处富贵，能够知足常乐、适可而止的人少之又少，而无视自己的才疏学浅，一旦碰到更高位置，便会义无反顾地往上爬的则大有人在，而一些人身体明明有病，也赖在位置上不走。现在你主动提了出来，我一定要成全，你是好样的！

诏书暨下，加授李靖为特进（正二品，荣誉称号），原来的工资待遇，一切照旧，同时赐物千段，赐马两匹——倘若脚部疾病好点，可以乘车马到门下、中书两省走走看看。

难道李靖就这么交代了自己？

如果没有外部因素的突然介入，平平静静地老去，也许是李靖对人生的最好交代，但这个世界，平静是如此短暂。

最后的“少年狂”

贞观九年（公元635年）正月，李世民送给李靖一条灵寿拐杖，并让他在有一丝可能的情况下，尽可能多地参与当下的讨论。

讨论如何抗击吐谷浑。

吐谷浑最初是一个人的名字——辽东鲜卑慕容氏单于慕容涉归的

庶生长子。慕容涉归死后，吐谷浑与刚继位的弟弟慕容廆不和，一气之下西行万里，建立了一个新国家，并以自己的姓名作为国名。

纵观吐谷浑建国三百年历史，与东部汉族政权的关系是五分对抗，五分合作。

李世民继位以后，两国间刚好处于对抗阶段。也正是基于此，颉利可汗被李靖打败以后，首选的逃亡国家，便是吐谷浑。

在吐谷浑选择主动出击的情况下，李世民只能选择征服——面对吐谷浑咄咄逼人的战争威胁，和个亲、割块地、撒点银子了事？那不是李世民的性格。充满战斗精神的太宗皇帝没有丝毫退让，立刻发动战争总动员，并给昔日的战神配发了一条高约丈余、制作精良的龙头拐杖，以方便他能及时参加军事讨论。

一切迹象表明，李世民在大敌当前的情况下，准备起用李靖。这一年，李靖已六十四岁。

“老夫聊发少年狂，左牵黄，右擎苍。锦帽貂裘，千骑卷平冈。”

唐代的李靖，尽管没有机会阅读宋代苏轼的诗词，但是很显然，他的“少年狂”已被吐谷浑彻底激发出来，他要“灵寿拐杖起落处，西北望，射天狼”。

当李靖明白皇帝的意思以后，立刻表达了西征吐谷浑的强烈意愿。李世民无条件同意，不过为稳妥起见，他建议李靖最好先跟宰相房玄龄商量商量。于是李靖面见房玄龄：“靖虽年老，固堪一行。”

大敌当前，房玄龄当然没什么意见。李世民得知后“大悦”，立刻拜李靖为西海道行军大总管，统领兵部尚书侯君集、刑部尚书李道宗、凉州都督李大亮、右卫将军李道彦、利州刺史高甄生等五路兵马，杀向吐谷浑。

李靖宝刀未老，短短几个月便攻克吐谷浑的军事重镇伏俟城，随后马不停蹄，打算以剩勇追穷寇，一举歼灭吐谷浑，收服汉朝故地。

但问题接连出现。

吐谷浑西逃时放了把冲天大火，将地平线以上的部分烧了个一干二净，导致唐军的现场补给出现困难；由于战线太长，再加上某些后勤官员的消极怠工，导致后方补给频频出现问题。

人和马离开粮食怎么打仗？一步一条人命地铺到积石山（吐谷浑老巢），又有什么意义？大部分人主张见好就收。

除恶务尽，这么大老远跑来，留个小尾巴回去，这不是我李靖的作战风格！善于奇兵突袭的李靖，当然不肯放过这千载难逢的歼敌机会。他力排众议，决计前进，深入敌境，越过积石山，追上吐谷浑残部，前后交战十余回合，大破其国，之后吐谷浑部分将官起义，杀死可汗，最终举国投降。

李靖将亲唐的大宁王慕容顺立为新可汗之后，收锋敛锐，凯旋。

完美杰作又一次新鲜出炉。鲜花、掌声、红地毯？经历了上次的大起大落，李靖已没有丝毫奢望。对他来讲，平平静静地交了差，安安稳稳地回到家，满眼含泪地与红拂女打个旧情骂个老俏，才是他最想要的。

另外一点，千万别再被人诬告了！

但怕什么，就来什么，这是一个充满矛盾的世界，这是一个阴阳胶着的人间。

李靖希望别再遭人诬陷，但一到京城，希望就立刻破灭：利州刺史高甄生与广州都督府长史唐奉义，联名上书，说李靖犯了十恶之首罪（隋唐十恶指：谋反、谋大逆、谋叛、恶逆、不道、大不敬、不孝、不睦、不义、内乱）。

上一次温彦博诬告李靖纵容手下侵吞国家财物，后来不了了之；现在高甄生与唐奉义充分吸取经验，认为力度不够的话，很难扳倒李靖，于是直接上书朝廷，说李靖谋反。

高甄生便是上面提到的那位消极怠工的后勤官员。李靖征讨吐谷浑时，高甄生任盐泽道总管，在战争最关键的时刻，身为后勤人员，竟然没有按时完成补给任务，遭到行军大总管李靖的强烈呵斥。高甄生虽心生不满，但身处战场特殊环境下，也没敢表露。

可回到长安之后，高甑生一刻也没耽搁，拉上好友唐奉义面见李世民，诬告李靖谋反。

上次灭东突厥回来，被八竿子打不着的温彦博诬告治军不严；这次灭吐谷浑回来，又被自己曾经的下属高甄生诬告谋反。李靖欲哭无泪，他只能祈祷，希望皇帝别被谎言欺骗。

对于高甄生提供的线索，李世民相当重视，立刻派人展开缜密调查，取证、录口供、找寻目击证人，完全按照法律流程办。

纷纷扰扰一阵之后，真相大白：李靖谋反一事，纯属子虚乌有，高甄生与唐奉义恶意诬告朝廷功臣，理应治罪。

经历了第二次恐惧袭击之后，李靖紧闭大门，谢绝一切宾客，“虽亲戚不得妄进”。唯一陪伴他的是妻子张红拂，每每粗茶淡饭，夫妻相依相伴，笑谈如烟往事。五年之后，不幸来临，张红拂因病去世。

看到李靖老泪纵横、伤心欲绝的样子，大家都很难过。

魏徵亲制墓志铭，李世民亲题碑文，并按照汉朝卫青、霍去病旧式，将红拂女的坟茔修建成突厥内铁山、吐谷浑积石山的形状，以彰显李靖曾经的伟大功绩。

同时，鉴于李靖正一天天老去，而国家又不可无当世之良将，李世民提出建议，希望李靖能够传授后起之秀侯君集一些兵法，以备不时之需。

于是，李靖在经历了人生悲欢离合之后，开始走出门去，为人传道、授业、解惑。他也想在死去之前，为国家发点余光，放点微热。

但他一出门，是非便如影随形，关门弟子侯君集向皇帝举报：李靖老师想谋反！

侯君集的理由很有创意：李老师在教授自己兵法时，每到细微之处便立刻略过，这种时刻留一手的态度，摆明了是想谋反！

国家正是用人的时候，无偿传、帮、带是离退休人员的应尽义务，动辄要留一手，李靖，这可是你的不对！李世民听完侯君集的汇报，心里也很不痛快。

李靖只能实话实说：不是我想造反，而是侯君集想造反。我传授给他那些知识，安制四方蛮夷已经足够，他为什么依旧不满足，总是试图穷尽我的所有技能？原因很简单，安制四方蛮夷、保卫国土不受侵犯，已经不是侯君集的唯一追求。他还有更高追求。

李靖一语中的，一年之后，侯君集参与太子李承乾谋反事件，事败被诛。

李靖南下灭了萧铣、辅公祏，北上灭了东突厥，西进灭了吐谷浑，只有东方一处空白。李世民看着李靖一天天老去，不想让他留有遗憾，因此在贞观十八年（公元644年），东征高句丽之前，李世民问李靖，东面的高句丽政权飞扬跋扈，欺凌弱小，你有什么想法没有？

李靖一面流着口水，一面豪情万丈："今残年朽骨，唯拟此行！"

李世民看了看已经七十二岁的暮年老人，心疼地摇摇头，叹一口气，转身离去。

公元649年7月2日，李靖去世，时年七十九岁。

已经卧病在床的太宗皇帝异常悲痛，册赠李靖为司徒，追封并州都督，谥号景武，并请来四十人的鼓乐队，一路吹打着，将李靖送进了昭陵。

八天以后，李世民驾崩……

▷ 公元571年生于雍州三原；

▷ 公元617年（大业末年），任马邑郡丞，与北方突厥作战；

▷ 公元620年，随秦王平定洛阳，授任开府；

▷ 公元621年，平定萧铣，安抚岭南；

▷ 公元623年，平定辅公祏；

▷ 公元626年，先后任刑部尚书与兵部尚书；

▷ 公元630年，击破东突厥；

▷ 公元635年，大破吐谷浑；

▷ 公元644年（贞观十八年），晋封卫国公、开府仪同三司；

▷ 公元649年去世，享年七十九岁，被册赠司徒、并州都督，陪葬昭陵，谥曰景武。

八方说辞

李靖有辅助帝王创业治国的才能呀！

牛弘（生于545年，卒于610年，隋朝大臣，官至礼部尚书）

唐朝的李靖、郭子仪，都是读书人出身，立下了很大功劳。

赵匡胤［宋太祖（927～976年），曾发动陈桥兵变，在将士们的簇拥下黄袍加身，建立北宋王朝，都城开封］

大唐王朝善于用兵的人，没有人比得过李靖。

何去非（宋朝人，我国历史上第一个武学博士，参与校订了《孙子》《吴子》等《武经七书》）

第八章

李勣：被误会的一代义将

我终于明白，李勣身上的“义”绝不是装出来的——当他拿起刀，在大腿上取了一块肉，喂单雄信吃的时候。

这对结拜兄弟都曾逐梦瓦岗寨，是寨中的“喋血双雄”。寨子被人攻破后，寨主李密选择逃亡，寨员们纷纷逃难，单雄信投奔洛阳王世充，李勣投靠长安李渊，兄弟俩自此天各一方。

随后的洛阳城下，当被王世充寄予厚望的单雄信拿着长枪向李世民猛戳的时候，也许没有意识到，对面李勣的心都要碎了。

天道昭然，单雄信最终成了李世民的阶下囚。李勣跪在秦王面前苦苦相求，甚至以自己的仕途做赌注，来换取单雄信不死。但一切为时已晚，在李世民看来，若不是尉迟敬德及时救援，自己早被单雄信

戳死了。

无法挽救别人的生命时，只能挽救自己的心灵。为了不负当年情，不背兄弟义，李勣坚持让单雄信吃掉自己大腿上的一块肉，以应“不求同年同月同日生，但求同年同月同日死”的铮铮誓言。

单雄信简单照做之后，兄弟俩从此生死两依依。

想当乱世英雄的小资男人

李勣，隋唐时代卓越的军事家，情义无价的忠诚捍卫者、执行者，原名徐世勣，字懋功，《隋唐演义》中徐茂公的原型。很显然，《隋唐演义》中将李勣“演义”成了一个演义人物，与真实的李勣大相径庭。

至于徐世勣为何改名为李勣，我们稍后再说。我现在要说的是，曾立下盖世功勋的李勣，为何在极具等级色彩的凌烟阁二十四功臣排名中，排到了第二十三位?

对于倒数第二的排名，李勣本人似乎没什么概念，也不太在乎，排名出来之后，也没见他有什么不适，他依旧拿起枪，心无旁骛地守疆固土，一如既往地精忠报国。

名次是李世民排列的，后代帝王们有话要说。包括李世民的后继者在内的众多不同声音，开始陆续在历史的长河中鸣响——高宗李治当政以后，重塑了凌烟阁内李勣的画像；唐玄宗设置武庙，李勣位列历代以来十大名将之一，并与李靖一起，并称为“武庙十哲”；宋朝宣和五年，官方的“古代七十二名将”排名中，李勣名列前茅；北宋的《十七史百将传》中，也专门有李勣的“传”。

世人对于凌烟阁李勣的排名多有非议，我本人也持保留意见。我认为李勣应该排第九，仅次于排名第八的李靖。

从对国家的贡献度来看，李勣、李靖甚至要排在尉迟恭的前面，不过从对李世民本人的贡献度来看，尉迟恭无疑要超越李勣与李靖，毕竟人家曾三次冒死救主。

不过一切都过去了，名利如过眼云烟，让我们避虚就实，绕过《隋唐演义》为我们设置的许多“认知障碍”，来了解一个真实的李勣，一个有血有肉的奇男子。

站在徐世勣人生轨迹的起点时，我是充满迷惑的：原本衣食无忧的他，为什么会走进瓦岗寨（今河南滑县东南），蒙上黑布袋，干起了造反的买卖?

难道是一时想不开?史书记载，徐世勣“家多僮仆，积粟数千钟（计量单位，1钟=640升）”。有吃有喝，又有人时刻照应，他能有什么想不开?

时不时施舍一些米面给家乡穷苦邻居，动不动婉拒一下别人那充满感恩的眼神，物质和精神都不匮乏，徐世勣却最终抛弃衣食无忧的小资生活，落草为寇。难道是传说中的吃饱了撑的?

如果真是这样，那隋朝末年不小心被撑着的人，还真不在少数：杨玄感、李密、李渊，标准的关陇贵族，大隋朝上柱国的后代子孙，却义无反顾地举起反隋大旗；魏徵、房玄龄、杜如晦，标准的士族阶级，在暴风雨来临之际，择明君而臣，择良木而栖……

巴金曾经说过：“人不是单靠吃米而活着。”对于徐世勣来说，他不想单靠粟活着，他投奔翟让也不是为了想混出个人样，而是想混出个“雄”样——一个纷繁乱世所特有的英雄模样。

翟让，东郡韦城（今河南滑县南）人，瓦岗军第一任领袖，后被第二任领袖李密摆鸿门宴砍杀。

十七岁的徐世勣投奔了五十岁的翟让，对于翟让来说，既是辉煌的开始，又是辉煌的结束（奉劝翟让让位给李密的人正是徐世勣）。

对于徐世勣来说，一切才刚刚开始。

翟让是一个没有太多人生追求的人。要不是逃避政府的死亡追杀令，他一定会在东郡法曹（唐“六曹”之一，主司法并参军事，翟让属知法犯法）的职位上一干就是一辈子。

命运迫使他选择了逃亡，做起了劫匪。他依旧想安于现状，做一只另类兔子，饿的时候啃啃窝边草，象征性地打个家、劫个舍，以勉强维持生计为荣。

徐世勣满怀信心、背井离乡过来投奔，却发现生活节奏竟是如此的慢，与自己的心理预期相差太大，立刻找到翟让，表达了一位花季少年想要的大手笔：都是乡里乡亲，既要面子也要里子，以后这窝边草，就不要吃啦！荥阳与郑州两地辖管的官家水道繁忙，过往商旅众多，稍微“劫”下，便能衣食无忧，还能周济附近乡邻，岂不更好！而且还可以趁机招兵买马！

听得翟让连连点头，他开始明白，原来外面的世界如此大，人生旅途上还可以这么玩儿！很快，瓦岗寨袭击的目标由陆上转移到水上，由周边跳跃至远方，成为远近闻名的“水盗”。

激情燃烧的岁月

过往商旅们尽管损失惨重，却还是趋之若鹜。他们宁愿冒着被抢劫的风险也要走水路运输的原因，只有一个：同样的货物，走水路比走陆路成本节省的不是一点半点儿。而且，在兵荒马乱的年代，谁说走陆路一定比走水路安全？

面对商人们的前仆后继，翟让只能照单全收。他在乐开花的同时，又得到惊人的消息：传说中的李密，在王伯当的引荐下，要前来投奔。

李密与推荐人王伯当是知心好友，王伯当与徐世勣是磕头的兄弟，翟让对徐世勣是言听计从，李密本人又顶着某种神秘光环，因此虽然李密初来乍到，翟让却从来没有把他当新人看，吃香的喝辣的一起，穿新衣戴新帽相随。

李密一到，神秘光环立刻“起作用”，不但奇袭了隋朝大粮仓兴洛仓，竟还成功斩杀了隋名将张须陀。

徐世勣与王伯当二人对李密开始发自内心地崇拜。他们坚信，前一阵广为传诵的童谣《桃李章》，说的就是李密。

“桃李子，得天下；皇后绕扬州，宛转花园里。勿浪语，谁道许？”

《桃李章》，中国古代四大谶言之一，最终被一个叫李玄英的人“参悟”——“桃”与“逃”谐音，“桃李子，得天下”是指一位逃亡的李姓人物将来会做皇帝；“皇后绕扬州，宛转花园里”指皇帝与皇后到了扬州便流连忘返，在皇宫后花园中兜兜转转迷了路，再也没出来（意指死）；“勿浪语，谁道许”就是大家不要乱说，要保“密”。

保那位正在逃亡路上的李姓人的“密”！

估计十七岁的徐世勣，也曾将《桃李章》当儿歌唱过。既然李密有这么大能量，又是“老天爷”钦定的未来皇帝，那就应该赶紧劝说知足常乐的翟让，让他将瓦岗寨第一把交椅腾出来，让李密来坐！

徐世勣找到好友王伯当，说出了自己的想法。那还犹豫什么？王伯当听完后，拉着徐世勣进了翟让的大营，他们打算苦劝翟让。

其实不用苦劝，翟让早有此意。既然名字中有个“让”字，此生就注定要“让”一次，看到有人主动提出来，便索性做个顺水人情。

翟让急流勇退的背后，是一颗无比郁闷与脆弱的心。传闻中的神奇力量加上现实中的杰出才能，让翟让与李密根本不在一个档次上。

拥有自知之明的翟让，在徐世勣与王伯当竖好梯子以后，顺势下滑。

李密来到权力的顶峰，徐世勣也达到了人生的新高度。李密想成为千古一帝，徐世勣想成为千古一将，人生就是相互成全。

李密封自己为魏公，封不到二十岁的徐世勣为右武侯大将军——对外宣称不会称王称帝的李密，却封忠实的追随者一个正三品的朝廷大官，李密的真实内心，隋朝人都知道。

这是徐世勣第一个右武侯大将军的官衔。

李密在洛水打败了前来讨伐的王世充后，加封徐世勣为东海郡公。此时河南、山东两地洪水滔天，灾情遍野，民不聊生，隋炀帝命守卫黎阳仓（隋朝三大粮仓之一）的官员开仓赈灾。不过守卫粮仓的官员全都是硕鼠，对远在江都的隋炀帝阳奉阴违，不肯拿出粮食救济灾民，结果直接导致民怨沸腾，革命热情空前高涨。

徐世勣是具有敏锐政治头脑的人，他知道，瓦岗寨的区区几万人无法对抗正源源不断地赶来的隋朝援军，但他也知道，民以食为天，黎阳仓官员救济不力，导致成千上万的人死去，如果攻下黎阳仓，并开仓放粮，一定会赢得民心，一定有越来越多的人加入队伍。

考虑成熟之后，徐世勣对李密说了自己的想法。李密拍了拍徐世勣的肩膀，表示赞成。他觉得徐世勣在某些方面跟自己很像，考虑问题也如出一辙：自己当年攻占兴洛仓并开仓放粮，吸引了大批灾民投奔；现在徐世勣提出要攻占黎阳仓，然后再次扩大队伍。李密听完后，心里暖暖的。黎阳仓是隋朝三大粮仓之一，一直有重兵把守。瓦岗寨中除了自己，有把握将它拿下的，也就只有单雄信和徐世勣。现在徐世勣主动提出来，那就派他去吧！

徐世勣当即领命，直接将队伍拉到了黎阳仓附近。不过为了节省时间，提高效率，徐世勣没有直接硬碰硬，而是采取了迂回偷袭战术，并一次成功。

大开仓门之后，数不清的饥民蜂拥而至。大家的想法出奇地一致：为了避免“吃了上顿没下顿”的困窘局面，不如选择留下；留下来一起造隋朝的反。当不当官、娶不娶媳妇都无所谓，只要别眼睁睁看着自己被饿死，此生足矣。

平凡人的想法，有时就这么平凡。

但对于徐世勣来说，这是一段激情燃烧的岁月——短短十日，瓦岗军共扩充兵力二十余万！这也从侧面证明，黎阳仓，不是一般的大。

黎阳仓拿下来了，为了保证胜利果实不被他人窃取，李密命令徐世勣，死守黎阳！守住黎阳就是守住粮食，守住粮食就能守住人心，只要人心在，天下，迟早是我李密的！

李密的想法也许没错，如果搅局者宇文化及没有出现的话。

其实按照李密的想法，徐世勣守住黎阳仓的同时，也连带守住了东部门户；只要东部门户不丢，他就可以带单雄信、王伯当等人，一心一意地干掉王世充。先干掉王世充，占领东都洛阳，再择机入关，兵临长安城下，到那时，隋朝就会完蛋，自己就会完美。

但这种完美，只是一个五彩缤纷的梦。

投奔明主

公元618年4月11日，宇文化及及其追随者发动了江都兵变，逼死了隋炀帝，随后带领十万余众，一路北上，来到了黎阳。

宇文化及为什么要发动江都兵变？因为私心。宇文化及为什么能够发动江都兵变？因为大家都想家了。

北方乱作一团，长安与洛阳的两个孙子濒临死亡，远在江都的隋炀帝杨广，心却大得很。

正如《桃李章》中所吟诵的："皇后绕扬州，宛转花园里。"杨广带着萧皇后滞留在扬州，一点也没有北归的意思。老婆、孩子、热炕头，隋炀帝的身边什么也不缺，可他带来的那些手下呢？一个个抛妻弃子跟随他来到扬州，原以为只是短期旅游，欣赏一下江南风景，品尝下当地特色小吃，便可以回到北方老家，但是一转眼两年过去，皇帝连一丝回去的意思都没有，怎不叫人心烦！

而且再好吃的扬州炒饭，吃多了也会腻！一些水土不服的人开始怨声载道。宇文化及意识到了"民意"的变化，偷偷加以利用，成功实施了江都兵变。大权在握的他，带领着归心似箭的人们，开启了回家之旅。

要想顺利回到长安老家，黎阳是必经之地。宇文化及的到来，搅乱了整个中原。对于刚刚继位的花季少年杨侗（杨广的孙子）来说，为爷爷报仇的机会随着宇文化及的到来而一天天临近。不过他自己没有刀，想让宇文化及死，他只能借刀杀人。

借王世充的刀？

王世充未必同意。即使他同意，杨侗也不会这么做。杨侗很清楚，王世充为了保住洛阳，与李密展开殊死较量，已然是险象环生，再去招惹拥有十万之众的宇文化及，显然太傻。

杨侗暂时还需要王世充来保护洛阳，保护自己。

另一方面，倘若李密与宇文化及联起手来灭洛阳，也只是分分钟的事；洛阳不保，自己的命也就无从保起。

要想保命，必须如此这般，这般如此！

一件怪事出现：洛阳郊外的血腥战争场面忽然消失，原本执著的李密忽然调转矛头，向正围困黎阳的宇文化及宣战！

杨侗究竟做了什么，能让李密的思想发生如此大的转变？

赦免李密的谋反罪，册封李密为魏国公、太尉、尚书令、东南道行台行军元帅。

这显然不够。

除此之外，杨侗还偷偷派人告诉李密，王世充飞扬跋扈，已经到了不可救药的地步，洛阳城在他手里，已经是鸡飞狗跳。魏公英明神武，天下归心，等击破宇文化及之后，杨侗愿意与魏公里应外合，铲除恶人王世充，魏公未来的路，再清晰不过。

这对于李密，才是致命诱惑。

除了李密，人小鬼大的杨侗还不忘册封徐世勣为右武侯大将军。这是徐世勣第二个右武侯大将军的官衔。

隋朝虽然已经岌岌可危，但毕竟是正宗；右武侯大将军的职位，还是令人振奋——徐世勣接到朝廷封赏的同时，又接到了李密的指令：死守黎阳，死磕弑君逆贼，死等援军。

置之死地而后生。五千人对阵十万人，徐世勣的现实压力巨大。面对十万敌军的日夜围攻，黎阳城有几次差点被宇文化及攻破。危急时刻，徐世勣创造了一种新的作战模式——坑道战，从城内挖了数条地道一直延伸到黎阳城外，依靠一夫当关、百夫莫开的坑道优势，大量歼灭敌人。

总算挺过来了。李密援军一到，与徐世勣里应外合，在自身损失惨重的情况下，终于将宇文化及打垮。

徐世勣依旧镇守黎阳，李密依旧回师洛阳，他帝王梦依旧。

宇文化及被打残了，李密也破了几个窟窿，杨侗笑了。鹬蚌相争，渔翁得利，杨侗以为自己是渔翁，可惜他不是。

真正的渔翁，是曾被李密打得找不着北的王世充。当李密拖着疲惫的身躯再次进攻洛阳时，城中的王世充笑了：李密元气大伤，徐世勣又不在现场，这盘棋，要好下很多。

公元619年，在经过反复的拉锯战之后，王世充决定对李密进行最后一击。此时的李密已不堪一击，瓦岗军简单抵抗之后，全线溃败，李密带领残兵，逃往关中。

李密为什么不向东部逃窜，而是一路西奔？要知道，此时驻守黎阳的徐世勣，手头还是有些人马，而且管辖着东至黄海、西到汝州、南临长江、北达邯郸的广大领土。倘若李密能成功逃到黎阳，再稍微卧薪尝胆一下，与徐世勣携手扳回一局，也不是不可能。可实际情况下，李密义无反顾地“抛弃”徐世勣，西入潼关，投靠了李渊。

只有两种可能：第一，东部的路已经被王世充堵死，在当时的战场环境下，李密只能向西部逃窜；第二，关中的李渊与李密曾经称过兄道过弟，李密想凭借旧情谊，说服李渊东击王世充，再调动东面的徐世勣，来个东西夹击，一举灭掉王世充，为自己报仇雪恨。

李密向着西方“极乐世界”一路狂奔，将曾经的兄弟徐世勣远远抛到身后。徐世勣的处境异常尴尬：主帅忽然投降，他这个次帅，该何去何从？

倾黎阳之兵，死攻洛阳，为李密报仇？

传说中的“真龙天子”李密都完成不了的心愿，自己就能完成？徐世勣的心里，还真没底。

况且，如果自己执意西征，那盘踞在东北方向的窦建德一定会有所动作，到那时腹背受敌，被王世充与窦建德蚕食的命运，会毫无疑问地降临。

关键中的关键，是李密并没有让自己这么做。没有接到李密的确切指令，听话的孩子徐世勣，犹豫了。

一番纠结之后，徐世勣最终决定：效仿李密，投降大唐。

徐世勣将自己管辖的所有州县的基本情况做了归纳总结，制作成一份相当详细的统计表格，派人送往长安，交给李密。

为什么不是交给李渊，而是李密？巴结一下正“春风得意马蹄疾”的新领导李渊，比依旧抱着既失势又失意的旧上司李密的大腿不放，似乎要实惠很多。

可这个世界上，的确有许多不看实惠看恩惠的人。徐世勣觉得拿别人的胜利果实来换取自己的大富大贵，是件丢人的事。他要做的是完璧归赵，而不是借花献佛。

李渊和李密得知消息后，都很感动。

徐世勣感德推功，实纯臣也！徐世勣，我就喜欢你这样的！李渊表达了自己发自内心的喜欢之后，立刻操起老本行，给徐世勣封官！

黎阳总管、上柱国、莱国公，右武侯大将军。这是徐世勣第三个右武侯大将军的官衔。

当徐世勣跻身国公行列时，尉迟恭连个县公都不是；当徐世勣官拜三品的右武侯大将军时，房玄龄依旧是秦王府的记室，杜如晦依旧是秦王府的兵曹参军。

可是公元643年凌烟阁二十四功臣排名时，徐世勣排在第二十三位，尉迟恭排在第七位，房玄龄排第五，杜如晦排第三，大有后来居上的感觉。

感觉都是人造出来的。有时人与人之间感觉的区别，就像初恋与二婚，初恋往往意味着要向世俗宣战，二婚往往意味着要向现实低头。

虽然后来的徐世勣对李世民忠心耿耿，对太宗皇帝的托孤肝脑涂地，但他毕竟不是李世民的“初恋”，毕竟在玄武门事件中选择了中立。虽然从个人感受来看，李世民对徐世勣没有特殊情义，但在国家利益层面，两人始终维持着教科书式的良好的主仆关系。

但毫无疑问，李渊对于徐世勣是铁了心的喜欢，以至于他做出了两项重大决定：对于徐氏家族，要赐李姓；对于徐世勣的父亲徐盖，要封为济阴王（山之阳、水之阴曰南，济阴就是济水之南，简称济南）。

赐徐氏家族李姓，可是一件不得了的事情。唐朝的李姓为国姓，在李渊时代，能够被赐李姓的，基本都是各个山头的一把手。李勣（此后开始使用李勣的名字）作为瓦岗寨的第五把手或者六把手，能够赐姓李，对他来说是莫大的荣誉。

加封李勣的父亲徐盖为济阴王，更了不得，因为能够封王的基本都来自皇帝亲族内部、同一姓氏，徐家虽然被赐李姓，但本质属性仍姓徐。让外姓人做王，足见李渊对李勣的喜爱。

不过徐老爷子很有自知之明，自己除了生养了一个有用儿子之外，对于国家实在没什么突出贡献，因此他坚决要辞去王的封号。李渊无奈，最终改封徐盖为舒国公，授散骑常侍、陵州刺史。

两颗“臭棋”

李渊对徐氏家族进行了一系列超越式的物质与精神奖励之后，仍旧令李勣镇守黎阳，在自己的地盘上，原来怎么做主，现在还怎么做主。

对于李渊来说，平了西部的薛举与李轨，灭了北部的刘武周与宋金刚之后，下一个目标就是东部的王世充，下下个目标，就是盘踞河北的窦建德。在下一个目标与下下个目标之间，安插李勣这样一个稳固的棋子，李渊认为，中原的这个棋局已经被他盘活。

李勣是其中一个重要棋子，他只要再将另一个棋子——他的二儿子李世民掷出，与李勣来个东西夹击，就一定能吃掉王世充；随后合兵一处，共同歼灭窦建德，整个中原地区，就是大唐的了。

好棋，绝对是好棋，不过差点被躲在暗处的两颗臭棋子毁坏：李密与李渊的堂弟李神通，是两颗“陷入了另一个困境，没有决定输的

勇气，也没有逃脱的幸运”的棋子。

李密投靠大唐之后，李渊也毫不含糊，基于对弱者的同情，和对旧情谊的点滴回忆，立刻拜李密为光禄卿、邢国公，还将自己的表妹许配给李密。

待遇不可谓不高，但李密显然不满意：自己得到的赏赐竟还不如昔日的部下李勣！而且一向敏感的他，注意到李渊对他的称呼已经发生了辈分上的改变，先前称他为兄，现在呼他为弟。

李密知道，自己不是越活越年轻，而是越活越窝囊，越活越被人看不起。李密越想越生气，越生气，就越想生气，最终一气之下，有了造反的想法。

他不再造隋朝的反，这一次，他要造唐朝的反！想法有了之后，唯一缺少的，就是一个机会。

机会很快来临，为了稳固东部日益变化的局势，李渊打算让李密去黎阳协助李勣工作。

李密欣然同意。

李密出发后不久，李渊忽然意识到了什么，立刻反悔，急忙派人一路猛追，要将李密召回。聪明的李密很快意识到李渊所意识到的东西，就地造反，攻破桃林县，进入熊耳山，准备东山再起。

可他不知道，在没有李勣的日子里，他的造反土壤早已干涸。李密终因造反，被唐朝副将盛彦师袭杀，人头被送到了长安。

一个空前严重的问题摆在了李渊面前：李勣是李密的忠实追随者，现在李密被杀死，李勣会怎么想？怎么做？他要是一怒之下，联合窦建德、王世充，入关中为李密报仇，对新生的大唐政权来说，可就彻底坏了。

李密忽然闹这么一出，李渊相当郁闷，有心将远在河南的李勣唤过来谈心，但那样做，只会引起李勣更大的猜疑，只会将一名疑似造反病例强逼成实际的造反病患者。

要不直接派兵过去攻打？连同王世充、窦建德一起，统统地打？只有吃饱了撑着的人才会这么做。

李勣，你究竟是怎么想的啊？！

唤又唤不得，打又打不得，猜又猜不着，李渊皱起了眉头。

毕竟姜还是老的辣，李渊深入思索之后最终决定，将李密的首级送到黎阳，同时派人将李密造反事件的前前后后，以及自己在事件中经历痛苦挣扎的过程，原原本本地告诉了李勣。

李渊想用自己的开诚布公，换取李勣的坦诚相见——人头我是送过来了，事情也说得很清楚，剩下的你看着办。

皮球，被悄悄地踢到了李勣这边。

这对于李勣来说，也是一个艰难的抉择：李密是自己曾经的领导加兄弟，基于义，应该为他报仇；可要为李密报仇，就要与大唐作对。

跟大唐作对就是跟李渊作对，李渊对自己家族恩深似海，讨伐他，就是不义。

矛盾一产生，忧愁立刻显现。

李勣一皱眉头，李渊的眉头立刻舒展开来，他知道，李勣纠结的结果，就是重新回到大唐怀抱。

不过李勣提出申请，基于旧情谊，希望朝廷能将李密的尸身也运至黎阳，等头和身子齐全之后，他要轰轰烈烈地为李密举行一场葬礼。

李渊又一次被感动，他认为在经历了李密事件之后，他与李勣之间的友谊加深不少，中原的棋局仍在自己掌控之中。

他没有想到，李密这颗“臭棋”完事之后，另一颗“臭棋”也已开始蠢蠢欲动。

李神通，李渊的堂弟，名字中有“神通”，可现实中一点也不神，对于军事作战一窍不通。

李渊称帝以后，任命李神通为山东道安抚大使，负责节度山东、河北的各路唐军兵马。李神通不善于打仗，却很喜欢打仗，宇文化及来了跟宇文化及打，窦建德到了跟窦建德打。地盘越打越小，人越打越少，在连续丢了洺州、相州、赵州等军事重镇之后，李神通走投无路，投靠了黎阳的李勣。

对于中原地区的混战，李勣一直保持中立，现在皇帝的堂弟过来投奔，李勣不能不收留。可收留李神通，就等于对窦建德不宣而战。

窦建德持续对大唐用兵，吞并大唐在河北的所有地盘之后，挥师河南，打算攻打卫州（今河南卫辉市）。窦建德这一行军路线，刚好路过黎阳。基于传统习惯，窦建德对李勣还算友好，打算绕过黎阳，攻占卫州。

可李勣再也坐不住了。李神通就在自己身边，大家都大眼瞪小眼，要看李勣的下一步动作。

没有动作，既对不起李神通，又不好向长安交代；动作过大，容易引起窦建德强烈反弹，导致不可预知的后果发生。

只能走中间路线，有动作，但动作不大。

于是，李勣派部将丘孝刚带领少量骑兵，在窦建德必经之地进行了完美伏击。窦建德在毫无思想准备的情况下吃了大亏。他没有料到，李勣会忽然放弃中立，介入他与大唐之间的争斗。其实他不知道，李勣在这一事情上，也是相当地纠结。如果他铁了心地要弄窦建德，也不会只派三百人的小分队出去。李勣派少量人马袭击窦建德，在很大程度上，还是为了安抚李神通。

窦建德哪知道这些？他只知道李勣先是悄无声息地投降唐朝，现在又光明正大地与他对着干！

既然你要干我，对不起，我只能千百倍地回击。窦建德最终的回击结果是，黎阳被夏军顷刻间攻破，李勣落荒而逃，淮安王李神通、李渊的妹妹同安公主、李盖（李勣父亲）被俘。

随他们一起被俘的，还有魏徵。

李勣不是很能打吗？为什么会输给不是很能打的窦建德？

因为李勣也没有想到，自己三百人小分队的有限骚扰，竟差点要了窦老爷子的命。窦建德是个要面子的人，他派来重兵攻打黎阳，就是要充分要回面子。

面对数倍于自己的敌人，李勣除了跑，就是逃，不过他跑得也太快了，连老父亲都忘了带，导致李盖不幸被俘。

这个世界上，最不能舍弃的就是亲情。李勣出于求生的本能而出逃，受内心的煎熬而投降——李勣短暂出逃之后，又重新回转，向窦建德投降，为了救父亲，他别无选择。

窦建德要回了面子之后，立刻显露出他宅心仁厚的本性，不但免了李盖父子的罪，还拜李勣为左骁卫将军，仍镇守黎阳。

不过窦建德为了以防万一，将李盖留在了身边，名曰座上宾，实为人质。

对于李勣来说，没有“万一”，只有百分之百——身在敌营的李勣，无时无刻不在思归大唐，可是窦建德将父亲扣押，显然是留了一手。如果贸然行动，父亲的生命再次受到威胁，李勣原本脆弱的心会遭受更大的伤害。

李勣的苦痛写在脸上，被长史郭孝恪看到。郭孝恪一摆手：这还不简单？窦建德将老爷子软禁，无非是不信任你，你现在就出去走走，攻个城，掠个地，表表忠心，窦建德一高兴，警惕性肯定会放松，你到时候抽个空档，带上老爷子和我，我们一起回归大唐！

原理上可行，具体操作起来，还要再商量商量，攻谁的城？掠哪块地？从效果上看，为表忠心，攻打大唐的城池肯定最佳，可放眼望去，河北、山东、河南三地，基本都被王世充与窦建德占据，大唐在中原的土地消失殆尽，打谁去？

那就打王世充！郭孝恪是个有主见的人。果然不出所料，李勣打下王世充的获嘉（今河南获嘉县）献给窦建德后，窦建德开始有点小感动。

李勣趁热打铁，极力劝说窦建德攻打河南，为统一华夏做准备——李勣的策略很明确，他要趁窦建德亲率大军抢渡黄河时，出其不意将窦建德杀死在河中，然后拿着窦建德的头，带上自己的老父亲，一路向西，奔往他梦想中的城市。

李勣当众许诺，如果夏军进攻河南，自己愿效犬马之劳。窦建德被李勣毫不利己、专门利人的忠诚所感动，没有一丝怀疑地大手一挥，来到黄河边，准备择日渡河。

当“死神”伸出双手的时候，“活神”也在向他召唤。窦建德渡不了河了。因为当他准备渡河的一刹那，妻子曹氏忽然临产。

未来的孩子不希望自己一出生就没有了爹，小小的心灵，死死抓住爹正在逝去的生命。

由于突如其来的变故，窦建德临时决定，留在黄河北岸照顾妻子。贵为一国君主（窦建德建立了夏国）的窦建德，除了对萧皇后有点小感觉外，妻子曹氏就是他的唯一。

爱情与亲情最终救了窦建德的命。自己虽不亲往，但河还是要渡，窦建德命令大舅哥曹旦立刻渡河！

曹旦最终代替窦建德渡过了黄河，李勣多少有点失落，他只能等下一次机会。

他要等，别人可不想等了。潜伏在曹旦营中的高级间谍李文相（曾依附于窦建德，后对夏军不满，暗地造反，并与李勣结为兄弟）果断出手，将曹旦手下的二十三名副将全部灌醉杀死，随后对正在渡河的两百名夏军一顿砍杀。期间一名随军兽医侥幸逃脱，屁滚尿流中将血腥场面描述给曹旦听。曹旦冲天狂怒，立刻调动人马，准备猎杀李勣与李文相。

李勣见大势已去，只得第二次抛下父亲，带着郭孝恪逃往大唐。自古忠孝难两全，逃亡路上的李勣，一阵阵心痛。

李勣以为父亲会死，夏国所有人都认为徐盖必死无疑。但窦建德异乎寻常地告诉大家："勣本唐臣，为我所虏，不忘其主，逃还本朝，此忠臣也，其父何罪！"徐盖，不能死！

怀里抱着婴孩，心里装着爱，口中述说的，是满满的情暖花开。

窦建德是一个心地善良的人，但最终上了断头台——几年以后，李渊对已成俘虏的窦建德怀着深深的忧虑，因为他在河北、山东两地的威望实在是太高了，建德一日不死，大唐一日不安！

高手的双剑合璧

不管怎样，李勣平安回到长安，徐盖又暂时没有性命之忧，对于李渊来说，是莫大的喜事。对于李勣，李渊有种说不出的喜爱。

公元621年，一切准备停当之后，李世民东出潼关，征讨王世充。作为在中原地区跌打滚爬多年的老手，李勣自然要随军出征。

最终李勣帮着李世民，攻占“一夫当关、万夫莫开”的虎牢关，而李世民正是凭借虎牢关，生生将窦建德耗干。

中原的统一，李世民功勋卓著，被李渊授予“天策上将”；李勣功不可没，被李渊授予“天策下将”。

在李渊心中，李勣是仅次于李世民的第二号功臣；在李世民心中，仅次于自己的是尉迟恭，而不是李勣，因为尉迟恭非但救了自己的命，还在洛阳战场上狮吼龙吟，打出了军威。

按照李世民的理解，应该给尉迟恭大大的奖赏。但李渊是皇帝，封多大的官，奖多大的赏，皇帝说了算。

李渊明确告诉李世民，中原地区的所有战事，都不应离开李勣！

因此在随后征讨刘黑闼、徐圆朗的战争中，都有李勣的身影。

花季少年李勣在中原战场茁壮成长，开始与正在南方开辟新天地的李靖并称战神。不过相对于大器晚成的李靖，李勣在年龄上拥有绝对优势——李世民第一次东征时，含泪拒绝了老态龙钟的李靖的出战申请，却将李勣带在了身边。在李治时代那场灭高句丽的战争中，当李靖托着玲珑塔飞天时，年迈的李勣还能够坐在平壤的皇宫中，与新生代领军人物薛仁贵推杯换盏。

人都说同行冤家，冤家路窄，可对于李靖、李勣来说，同处一个屋檐下，也没觉得路有多窄，人有多冤。更多的时候，是两人联手合作、双剑合璧的情景。这只能说两人除了“武商”高深莫测外，情商也很高。

高手之间也有友谊。李靖与李勣创造了精英人群和谐相处的新模式，并将战地风云吹向新高度。当然所有这一切，都离不开李世民超高的“政商”。

在随后的对外战争中，李靖与李勣有过两次合作，第一次是剿灭江南的辅公祏，第二次是毁灭北方的东突厥。

对辅公祏那场战争中，李孝恭是名义上的统帅，实际的总指挥权在李靖手中，不过真正将拥有十万大军的辅公祏送上断头台的，是李勣。

中原与江南地区的硝烟散尽之后，对东突厥的毁灭式打击提上日程。按照李世民的理解，应该将最能打的人，安排到最该打的人的对面。

毫无疑问，最能打的人是李靖与李勣，最该打的人是突利、颉利两可汗。

为什么不派尉迟恭？在冲锋陷阵方面，尉迟恭可是不折不扣的猛人。不是不想派，而是不敢派，尉迟恭对待敌人与对待自己人一样，都很猛。

就像前面提到的，一次小范围酒会，看到某位将领坐到了自己的上位时，尉迟恭丝毫不给面子：你有什么资格坐到我上面！坐在下面的李道宗试图解劝，被发了疯的尉迟恭差点打瞎眼——在皇帝的眼皮子底下。

史书没有记载坐在上面的那位将领的名字，但武将里面，真正有实力坐在尉迟恭上面的，其实并不多、李靖、李勣、侯君集。李靖德高望重，打遍天下无敌手，尉迟恭没有理由不服；侯君集几乎与尉迟恭没什么交集，恩和怨都无从谈起，而且公元643年侯君集因造反被杀后，李世民依旧没有起用早已被边缘化的尉迟恭。他担心情商不高的尉迟恭无法与新的领军人物搞好关系。

侯君集死后的新领军人物，是李勣。没有无缘无故的爱，也没有无缘无故的恨。

没有交集、没有摩擦、没有利益冲突，哪来的恨？在李靖、李勣，侯君集三人中，与尉迟恭有交集、有摩擦、有利益冲突的，只有李勣。

洛阳战场上，尉迟恭枪挑单雄信，勇救秦王时，李勣在唐军队伍中对着结拜兄弟单雄信高喊：对面的乃是秦王李世民，休伤他性命！

如果单雄信真是因为兄弟的呼喊而主动停手，尉迟恭勇救秦王的功劳会大打折扣。洛阳城破，单雄信将要被处死时，李勣作为大唐一员，在李世民面前拼命为单雄信求情，一旁的尉迟恭，心里不会有什么好滋味。

李世民带着尉迟恭刺探窦建德大营时，放出豪言：有尉迟恭在，再多的夏军，能奈我何！此时的李勣正在与秦琼、程咬金一起，负责后方掩护，听到李世民的话语后，李勣会怎么想？当时对中原地形最熟悉、对窦建德最熟知的是李勣，不是尉迟恭。

尉迟恭原以为中原大战中除了李世民之外，自己的功劳最大，可结果是，部队凯旋回到长安后，李渊封李世民为“天策上将”，封李勣为“天策下将”，而自己啥都不是！后来李世民实在看不过去，封自己的爱将为秦王府左二副护军。

你有什么资格坐到我上面！这是尉迟恭发自内心的呼喊，已经压抑了十几年，索性就爆发吧！可他最终的爆发对象不是坐在他上面的李勣，而是坐在他下面的李道宗。

不巧的是，这个李道宗，还是李世民的亲堂弟！

爱恨两绵绵。无可否认，尉迟恭是李世民的嫡系，三次临危救主早已在李世民的心中烙下重印，可这又能怎样？

尉迟恭打架可以，单枪匹马横扫一大片，可是战争不单纯是打架，指挥千军万马游刃有余，维持边疆持久和平，靠的是全才，不是猛才。

尉迟恭是猛才，李勣是全才。

李靖老了，侯君集死了，只能靠李勣，而要依靠李勣，尉迟恭只能继续靠边站，就这么简单。

听话的时候是嫡系，不听话的时候是敌系。挟功自傲的尉迟恭不是不听话，而是太不听话。他不但在武将堆里闹，对于房玄龄、杜如晦、长孙无忌这些文官，也是毫不留情。李世民无奈之下，只能将尉迟恭逐出京城，远离是非。

显然，他离开后，是非会少很多。

显然，扯得有点远，请给个线头，让我再捯回去。

如果说剿灭辅公祏时，李靖与李勣之间的合作是蜻蜓点水，那么在毁灭东突厥的过程中，绝对属于珠联璧合。

公元625年，颉利可汗带领十万精兵越过北方边界，一路南下，袭击并州（今太原周边区域）。

唐高祖李渊从江淮地区将李靖与李勣同时调往北方前线，抗击突厥。不过从当时交战双方的战果来看，大唐也仅能维持不败。要说大胜，从当时的条件看，显然不具备。

不过此后不久，东突厥国发生内乱，帮派林立，各自为政，大大削弱了突厥人的战斗力。李世民利用有利时机，任命兵部尚书李靖为定道行军总管，连同并州都督李勣、灵州都督万彻、华州刺史柴绍一起，对东突厥展开终极大战。

先是心有灵犀，继而一拍即合，随后一唱一和，总能遥相呼应，最终齐奏凯歌，本场战争中二李之间的默契配合，堪称完美。

没有急功近利，没有争强好胜，只有相互成全。如果说智商是一个人成功的阶梯，情商则是阶梯两边的扶手。不借助扶手而去“勇攀高峰”，攀得越高，跌得越重。

李靖与李勣之所以成为名垂千古的战神级人物，拥有较高情商是重要因素。人可以有个性，但不要个性十足；团结协作中，不服从大局的个性，一定会格格不入。平凡人如此，牛人也一样。

镇敌宝塔

历史在选择李靖、李勣的同时，将东突厥彻底抛弃。战争结束了，李靖回到长安，李勣留在了并州，这一留，就是十六年——好斗的突厥部落历史上曾几次死灰复燃，谁知道接下来的日子里，它会不会再复燃？为了确保万一，需要有一座宝塔稳稳镇在北方边界，让敌人永世不得翻身。这座宝塔，就是李勣。

在太宗皇帝看来，有李勣这座宝塔在，似乎要胜过横亘在北方的万里长城：“隋炀帝不能精选贤良，安抚边境，惟解筑长城以备突厥，情识之惑，一至于此！朕今委任李勣于并州，遂使突厥畏威遁走，塞垣安静，岂不胜远筑长城耶？”

对于隋炀帝狂修长城以求自保的消极抵抗做法，太宗直呼太傻，他认为静止的长城阻挡不了外族入侵，只有布下精兵强将，瞅准时机主动出击，才能打得一拳开，免得百拳来。

有时候，进攻是最好的防御。

年富力强且忠心为国的李勣留在了北方前线，十六年来几乎没有回过家，除了为逝去的父亲丁忧。

丁忧，指古代官员离职回家、为去世的父母守孝报恩的一系列活动。丁忧期间，要在父母的坟前吃住，停止一切外部应酬，并且要夫妻分开居住。一般的丁忧期限是三年，唐代是一年，对于有重要戍边任务的武将，只有一百天的假期，而且一般情况下只是离职，不会被解职。

但李勣丁忧期间，职是被解了的。估计是李世民充分考虑到李勣是一个孝子，又常年在外守卫，功劳、苦劳都很大，索性一次性给李勣放个长假，让他好好陪陪家人。

不过丁忧一结束，李勣立刻返回，继续做他的并州都督府长史。

先前不是并州都督，怎么成了都督府长史？

其实对于李勣来说，没什么区别——依据大唐皇室制度，皇子们到了一定年龄，都要“遥领”官职。当时遥领并州都督的，是长孙皇后所生的第三个儿子晋王李治，也就是后来的唐高宗。不过李治不用过去任职，也不用亲自处理具体事务，更多体现在仪式上。

既然晋王遥领了并州都督的职位，李勣当然不能再占据该位置，便易为并州都督府长史。不过他属于形式上的二把手，实质上的一把手。

职位上的一些交错，让原本没有交集的晋王李治与光禄大夫李勣（兼职），开始产生某种交集。

交集产生交情，李治与李勣之间的交情，让一位出身并不普通、后来应该普通、最终却普通不起来的女人，在中国历史上大放异彩。

没有李勣，武则天的“登天”之路，会更加坎坷。

贞观十五年（公元641年），李勣在做了多年封疆大吏之后，终于可以入朝为官——李世民在废掉了原兵部尚书侯君集之后，将这一职位给了李勣。

侯君集为什么会被废掉？据说他在贞观十二年至十四年（公元638年至公元640年）平定高昌国的过程中，监守自盗，私吞国家财物，最终被人举报。太宗皇帝查证属实之后，将侯君集的官职一撸到底，并打入大牢。

李靖也曾有相似的经历，不过最终结果不同：侯君集事件经过查证属实，李靖事件经过查证属虚；侯君集被关入大牢，并最终在李承乾造反事件中被处死，李靖被重新任用，并最终在李世民的哭泣声中陪葬昭陵。

李勣早已看惯了官场的狂风骤雨，他同李靖的官场哲学出奇一致：不参与任何帮派纷争，不受制于任何小山头、小集团，一心一意跟随皇帝的脚步。

皇帝让我打突厥我就打突厥，皇帝让我守并州我就守并州，皇帝让我回来我就回来。

李世民知道李勣很听话，他也知道，还没有进京赴任就被指派新任务，李勣一定不会有怨言——在李勣回长安的路上，李世民下达了最新指令，歼灭西部的薛延陀部落！

突厥部落衰败之后，原本与大唐关系密切的薛延陀部落逐渐发展壮大，频频挑战大唐底线。

李世民最终被激怒，临时任命归途中的李勣为朔州行军总管，发动了对薛延陀的战争。

可悲的是，一直在夹缝中生存的薛延陀部落，在突厥部落衰败之后，想趁机心花怒放一下，没想到最后只不过是昙花一现。它原本可以怒放，只是不该对着大唐怒放。

在李世民时代，谁招惹大唐，就是跟自己过不去。

在李勣的狂踩猛踏下，薛延陀迅速凋落。不过李勣凯旋，积劳成疾，患上了重病。

李靖平定突厥归来，被人诬陷；侯君集平定高昌归来，被人举报；李勣平定薛延陀回来，集体失声。

所有人都知道，李勣没有反心，只有凡心。他只要看上一个人，就会守护一辈子——李密、李渊、李世民，以及后来的李治。

除非他看不上，比如窦建德。

当然，迎接他的也不是鲜花、掌声、红地毯，而是太医——李勣身患重病，如果救治不及时，鲜花会变成挽花，掌声会变成哭声，红地毯会变成黑棺材。

太医查验了病症以后，开出了药方，药引是人的胡须。李世民听后二话没说，直接将自己的胡须剪掉若干，放到锅中，连同其他药一起熬制。

李勣吃了含有皇帝胡须的药，病好了。

能够直立行走之后，李勣对着李世民磕头，哭着感谢救命之恩，言语非常诚恳。

李勣的反应为什么如此激烈？他难道真的认为，皇帝的那几根胡须，在治疗疾病的过程中起了决定性作用？

武将出身的李勣，还是比较尊重科学，他看重的不是胡须本身的作用，而是李世民剪胡须的动作。

这牵涉到我国古代的一种文化：须发文化。

胡子想刮就刮，头发理成什么样都没有人说你——那是现在。在以孝为先的中国传统文化中，胡子、头发与身体的其他部分一样，都是父母给的；既然是父母给的，就不能乱动。小时候我觉得曹操的“割发代首”太虚伪做作，三年前，我才彻底理解了他：对于古人来说，胡须与头发，和身体的其他关键部位一样重要。

而且，拥有一头乌黑亮丽的头发和几簇错落有致的胡须，也是美的象征。

现在李世民为了救他，毅然“抛弃”传统与美，用自己的胡须做药引，怎么不令李勣感动？而且那可不是一般的胡须，是龙须！

李勣头磕破出血，感谢的话说个不停。李世民却相当冷静，没有什么动情的话，他很现实：你不用这么谢我，我所做的一切，都是为了国家！从私人感情上，我喜不喜欢你，连我自己也不清楚，但站在国家层面，我必须喜欢你！

从史书记载的有关对话中，可以明显体会到，李世民跟长孙无忌、房玄龄、杜如晦、魏徵、尉迟恭等人的谈话充满情绪色彩，爱与恨表达得很明确，甚至在与李靖的对话中，也有明显的好恶。

唯独跟李勣的交谈，从来都是淡定。与之相反的是李勣的反应，磕头、痛哭、发誓、咬破手指。

宫廷较量中的智者

公元643年，对于大唐来说，是多事之秋。太子李承乾因反被废，四子李泰因罪被贬，昔日爱将侯君集因参与宫廷事件被诛杀，东部的高句丽频频挑战大唐权威。

在储君问题上，在长孙无忌、褚遂良与李勣的不懈坚持下，大唐内部的意见也终于统一，年仅十五岁的晋王李治被立为太子，成为未来的法定皇位继承人。

李世民一度想立魏王李泰为太子，后来又想立吴王李恪为太子，都被长孙无忌与李勣否决。在立新太子这件事情上，文官之首长孙无忌与武官之首李勣的意见出奇一致，他们都主张晋王忠孝仁厚，心怀博爱，是不二人选。他们都认为要想避免兄弟相残，骨肉相逼，唯一的方案就是立晋王为太子。

他们说得没有错，他们也很爱国，但一个客观实际是：长孙无忌是李治的亲舅舅，李勣与李治曾是亲密的同事。

性格刚烈的李世民，为什么在立储这件事情上，竟似乎受制于人？为什么平时唯唯诺诺的长孙无忌与李勣，在选择未来皇帝继承人的时候，态度却是如此坚决？

李世民选择退让，是想让李家的小树苗在阳光雨露中长大，而不是在暴风骤雨中夭折；长孙二人选择坚持，是想让自己扶持的小树苗长成大树，因为大树底下好乘凉。

李世民不可能万寿无疆，他保护不了孩子们的时候，就需要别人来保护；长孙无忌与李勣也不可能不考虑自己子孙们的未来，立一个熟悉的陌生人做太子，先不说子孙的未来，有没有子孙都不好说。

有时，人生似乎是一笔笔交易。

贞观十七年（公元643年），晋王李治被立为太子。太宗皇帝考虑到晋王与李勣曾经的上下级关系，拜李勣为太子詹事兼太子左卫率，并加位特进，同中书门下三品。

太子詹事兼太子左卫率，就是管家兼保镖；特进与同中书门下三品，都是极高的虚职。由保卫国家变成保卫太子府，由总理朝政到总理府政，有种过山车的感觉。

当官能上不能下，是一种通病。李世民担心李勣也害这种病，特地做了详细解释：昔日你与晋王是很好的同事，现在晋王升为太子，为了照顾好他，需要你降低身份，到东宫任职，你千万不要见怪。

李世民解释完之后，还是怕李勣听不懂。

一次小宴，李世民干脆挑明：不知道你看出来了没有？我这么做，其实是在托孤。观满朝文武，没有人比你更合适，你以前没有辜负李密，现在岂能辜负我！你跟李密共事仅仅几年，就对他死心塌地，我们已共事几十年，我对你信任有加，你可千万不要辜负我！

李勣那天哭着醉倒在地上。李世民脱下自己的外套盖在李勣身上，担心李勣感冒着凉。

为了李家江山稳固绵延，李世民必须重用李勣。可在当年的凌烟阁二十四功臣排名中，李勣却被排到第二十三位。

很难理解。

不理解，不代表没有理由。

公元644年，李世民不顾房玄龄、尉迟恭等人的规劝，御驾亲征，东征高句丽，任命李勣为辽东道行军大总管，任命张亮（凌烟阁二十四功臣之一）为平壤道行军总管，发兵十余万，准备踏平高句丽。

定襄道行军总管，山东道行军总管，朔州道行军总管——以前都是以大唐领土来命名，现在干脆以敌对方的首都来命名——平壤道行军总管！自汉至唐的君主们，从来没有将高句丽当成外国。

不过理想与现实之间，总有差异。李世民出发前信誓旦旦，说自己绝不会步杨广后尘，但战争结束时，平壤还在高句丽人手中，一个小小的安市城，两个月愣是没有打下来。

不是我方不进步，而是敌方太顽强。

虽然唐军整体上让李世民失望，但李勣的个人表现却是一大亮点，接连攻下盖牟、辽东、白崖等高句丽城池，将战争整体分值抬高了不少，否则，若定性为不及格，是相当丢人的一件事。

对于本次征讨，李世民定性为成功，是不圆满的成功——按照他的理解，惨胜也是胜。

辽东一战使李世民更加确信，在可以看到的日子里，李勣是武将里面的唯一依靠，而且他坚信，李勣是个讲义气的人，只要有恩于他，他一定会以心换心。

可自己的儿子李治，未来的皇位继承人，与李勣只有同盟义，没有知遇恩，万一自己一朝作古，凭什么让李勣对大唐新君主死心塌地！万一李治降不住李勣，让他兴风作浪起来，后果将不堪设想！

当李世民躺在病床上的时候，这种担心，便愈加强烈。

他决定放下身段，与儿子合演一出戏，一出九五至尊的威严下略显苦涩的戏。

剧情很特别：李世民活着的时候先找个借口，将李勣连降三级，并逐出京城；李世民驾崩以后，继任者李治立刻找借口，将李勣连升四级，任命为尚书右仆射。这样一来，李勣对新皇帝必会感恩戴德，死心塌地。

编剧：李世民

导演：李世民

主要演员：李世民、李治、李勣

对于李世民来说，这是人生最后一出戏，也是唯一一出不能亲眼看到结局的戏；对于李治来说，人生这部大戏，才刚刚开始；对于李勣来说，这是一出没有剧本的戏，完全依靠自己即兴发挥，发挥好了，人生这部戏还可以接着演，发挥不好，就是对自己生命的告别演出。

这是一台关乎国家安危，关乎个人性命的大戏，三个人演得都很认真，都很动情。

李世民将李勣彻底抛弃，李治将李勣彻底挽救，李勣对李治彻底忠心。

要的就是这一结果——对所有的演职人员。

李勣是个知恩图报的人，李治封他尚书左仆射、开府仪同三司、司空等极品高官，李勣用自己的两次行动回报高宗李治。

第一次行动是灭高句丽。

第二次行动是默认武则天封后的合法性。

第一次行动使李勣名垂千古，第二次行动让李勣多被诟病。

这都是皇帝的家事，不需要别人来说三道四！这是唐高宗李治就武媚娘封后一事向李勣征求意见时，李勣的一句掷地有声的话。

他说的“别人”其实不是别人，他们是长孙无忌、褚遂良、于志宁等一帮托孤老臣。

其实李勣也是托孤重臣之一，只不过他临阵倒戈了，加入到武则天的阵营。

有军方人士支持，李治的心里一下有了底。长孙无忌、褚遂良、于志宁虽然根深苗硬，但毕竟手里没有枪，有时候仅凭嘴来反对，是那么苍白无力。

摸清了李勣的底牌以后，武则天更加肆无忌惮，对托孤老臣刮起了血雨腥风，并最终逼迫长孙无忌上吊自杀。

李勣要负一定的历史责任。他那句不负责任的话，间接导致了长孙无忌的死，加速了“托孤派”的彻底覆没。

对于皇帝，没有家事，只有国事，皇宫内的悲欢离合决定着整个国家的兴衰成败，李勣宦海沉浮几十年，不可能不明白这一道理。

可他最终还是如此选择，为什么？

你可以理解为自保。他的隐忍退缩，让他多活了几十年，否则，他的下场跟长孙无忌一样。

不，应该更惨。长孙无忌好歹是皇帝的亲舅舅，死后可以落个全尸。李勣要是带头反对武则天，就啥都不是。

他们的对手是武则天。

这是一场永不对等的较量：武媚娘可以躲在李治的身后，时不时地放些冷箭出来伤人，而托孤派投鼠忌器，根本不可能把她怎么样！

对皇权的敬畏和对皇帝的忠心，是导致托孤派覆没的幕后推手。

从这个意义上讲，李勣又似乎是一位智者，他犯了所有“聪明人”都可能犯的错。

但书写历史的，不都是“聪明人”。几十年后，李勣的孙子徐敬业义无反顾地走上反对武则天的道路，可惜的是，他最终兵败被杀。

气愤至极的武则天扒了李勣的坟，对李勣的遗体百般羞辱。

李勣在安详中死去，死后却不得安宁。讽刺意味非常明显。

更加具有讽刺意味的是，李勣去世前将弟弟徐弼叫到跟前，反复叮嘱他一定要教育好后代子孙，千万不要像房玄龄、杜如晦的后代们那样，不但自己身败名裂，身首异处，还让祖上蒙羞。

但孙子徐敬业最终还是让他“蒙了羞”。

身前身后事，岂能任我行？不辜负当下，哪管他地下！活着时忠心为国，赤心为主，死去后一抔黄土，两股清风。

公元669年12月31日，李勣去世，时年七十六岁。李治废朝七日，追赠李勣为太尉、扬州大都督，谥号贞武，陪葬昭陵。

【大事记】

▷ 原名徐世勣，公元594年生于曹州离狐（今山东省菏泽市东明县）；

▷ 公元617年，投奔瓦岗军，被授为右武侯大将军；

▷ 公元619年，归顺大唐，被诏封为黎阳总管、上柱国，封莱国公。又加授右武侯大将军，改封曹国公，并被赐姓李氏；

▷ 公元620年，随秦王李世民大败宋金刚；

▷ 公元621年，率军奇袭虎牢关；

▷ 公元623年，与赵郡王李孝恭、岭南道大使李靖、怀州总管黄君汉一同讨伐江淮义军首领辅公祏；

▷ 公元630年，协助李靖大破突厥；

▷ 公元633年，被拜为金紫光禄大夫，代理并州大都督府长史；

▷ 公元637年，被改封为英国公，世袭蕲州刺史，又以并州大都督府长史的官职遥领太子左卫率；

▷ 公元641年，任兵部尚书，同年歼灭薛延陀；

▷ 改授太子詹事兼左卫率，加位特进、同中书门下三品。

八方说辞

汉代的卫青、霍去病、赵充国，唐代的李靖、李勣，都是贤能的将军。

苏洵（生于1009年，卒于1066年，唐宋八大家之一，苏轼与苏辙的父亲）

徐世勣自始至终就是一个狡猾的贼罢了，连他自己都说年轻时自己是流亡外地的一个无赖，一个贼，年少时养成的习惯以后很难再改了。

王夫之（生于1619年，卒于1692年，我国著名的思想家、哲学家，与同时代的黄宗羲、顾炎武并称为明末清初的三大思想家）

李勣是大唐的功臣，被赐姓李。李世民在李勣生病时竟剪掉自己的胡须为他合药，李世民对李勣的恩惠何其大呀！

丁耀亢（生于1599年，卒于公元1669年，明末清初小说家）

后记

历时七个多月，终于将它写完，如同做了一场梦，现在梦醒了。

我一直有做白日梦的习惯，而且据说我做梦的时候，嘴通常是张开来的，有时一开一合之间，仿佛还念念有词。

这仅仅是传说，对于有损形象的事，我向来不会承认，以至于相当长时间内，我与妻子之间充满矛盾：她说我的嘴是张着的，我说不可能；她说一定是张着的，我说一定是你看花了眼；她照了照片给我看，我一脸冷静，这明显是P的图！

我的孩子最终忍无可忍："爸爸，您还是承认了吧！"

我开始长久地沉默，因为孩子的话，无论如何得听。

不过有些时候，我还是会红着脸凑近妻子低低问询："我当时都说了些什么……？"

"还不是唐朝那点儿事，而且总是在做诗！"妻子的话一完，孩子便冲我做起鬼脸来，我连忙劝她尽早将作业做完。

无论如何，梦是一定要做的，倘若所有人都在无梦中活着，那这个世界，简直没法看。

有人问我为什么喜欢写唐朝的事？

原因很简单，因为我姓李。

如果我姓刘，我会自然而然地写汉朝的事；如果我姓赵，我会自然而然地写宋朝的事；如果我姓朱，我会义无反顾地写明朝的事，尽管已经有人写过。

也有人委婉批评我，说我总是热衷于写断代史，"戏路"太窄，受众群体也比较单一，受关注程度也不会太高。

我当时选择沉默。这倒不是我有多清高，我只是不知道该如何回答他。

不知道怎么回答，索性就不回答，省得得罪人。

事实上，在一段时间内，我很难“通”起来，上下五千年，百姓寻常事，我也想做一个“通才”，可是我没有时间。

因为我还要工作。

我喜欢我正在从事的职业，我也喜欢读史、写史，一个是专业，一个属业余，仅此而已。

为什么我会有那么多时间，工作不落下的同时，还能抽空写出一本书？

我是地球人，我的时间和所有人一样。

一天五百字，一个月就是一万五，八个月就是十二万，一本书就出来了。

只有想精打细算的人，才会去精打细算。

有时一轮细算下来，你可能会“大吃两惊”。半个小时的无精打采，十五分钟的想入非非，十分钟的左顾右盼，五分钟的狂抠脚丫，一个小时出去了。

时间一旦出去，就再也回不来了。

写五百字得花费多长时间？也许是抽两支烟、打三个小游戏、看四个抖音、刷五篇八卦新闻的时间。

我不抽烟，不打游戏，不看抖音，不刷八卦，我很无聊，于是开始写作。

为什么有那么多可写的？

这不得不感谢我们的老祖宗，几千年的文明史，数百万乃至上千万平方公里的土地，一亿年都写不完。

为什么喜欢用文字来表达想法？

除了用文字，我还能用啥？用口才？对不起，我口吃。

事实是，我在语速加快的情况下，通常会口吃。

关键是我不爱说话，也不会说话。

记得小时候有人来家里做客，偶然放了一个屁，一旁的我放下手中的玩具，跑过来告诉他："你刚才放了一个屁。"尽管母亲在远处给我眼色，示意我闭嘴，但我看到客人无动于衷的样子，愈发着急，好像如果他不知道自己放了一个屁，就会有不好的事发生一样。我一遍又一遍摇晃着他的双腿，重复着刚才的话。

当时的他，一定很尴尬；现在的我一想到当时的他，也是一阵阵尴尬。

从此我得出结论：我不会说话。

这一结论一直到现在都成立。

不会说话的人，就不能做依靠说话的事。我只能入研究性行业，研究数字，研究模型，研究原理。这些都不用去说，去想就行。

有时上班一天下来，我说的话加起来不到二十句。不过细算下来，这似乎为我节省了许多有效时间。

有人评价我，说我虽不善表达，却很有想法。

我想这是对的。

凌烟阁的事儿算是写完了，虽然写的都是些大人物，但作为历史"配角"的那些小人物们，也同样深深触动了我，为了表达我的复杂感情，在写作的过程中，我也为他们写下了一首首小诗。

但你会发现，我的诗通常是没有名字的，至于说的是谁，你可以去猜。

（一）

自画像前笔辄断，洛阳城头起硝烟。

世民欲穷中原路，世充不知蜀道难。

（二）

秋风一动红叶舞，断垣残壁满目枯。
建德摇手离恨去，夏王坟前树影孤。

（三）

涛起浪奔涌奇兵，轻舟薄甲破连营。
可怜萧铣泪洒处，一将横空唤李靖。

（四）

可怜鸿蒙一和尚，可悲阳信开道王。
倘使二枭应天意，冥路何须话凄凉。

（五）

旧日峥嵘建德孤，今时铁马黑闼独。
河北狼烟终散尽，相逢一笑两泪枯。

（六）

同甘共苦终有时，同舟共济总有日。
若非利欲夺初心，夕阳一暖两相知。

（七）

烽烟散尽九州平，高墙之内起纷争。
寒面冷心谋皇位，长安不知有亲情。

（八）

夫妻本是同林鸟，疾风一起情了了。

成王败寇千古事，干戈未尽人已老。

（九）

跳梁小丑昙花现，末代割据舞翩跹。

唐君不需下金殿，三只木匣寄长安。

（十）

明净镜前衣冠整，清水湖畔修身形。

谏臣不知龙威在，呼号声声摧世英。

大人物写完了，接下来的时间内，打算写几个“二人物”。

作为结束语，我非常感谢为了此书的出版而东奔西跑的人们，这里面有许多温暖的事情发生。

当然最可歌可泣的，还是我眼前的这台笔记本电脑，鼠标坏了两个，它依旧在工作；键盘反应迟钝了，它依旧在工作；其他都不准备工作了，它依旧在工作。

我希望它永远工作下去。

参考文献

赵文润、赵吉惠等，《两唐书辞典》，山东教育出版社，2004年

刘昫等，《旧唐书》，中华书局，1997年

欧阳修等，《新唐书》，中华书局，1975年

司马光等，《资治通鉴》，中华书局，1956年

吕思勉，《唐朝大历史》，北京联合出版公司，2012年

蔡东藩，《唐史演义》，知识出版社，2013年

邢群麟、杨艳丽，《和名家一起经历：唐朝盛典》，中国时代经济出版社，2008年

龚书铎，《白话精编二十四史第七卷：新唐书·新五代史》，巴蜀书社，2012年

龚书铎，《白话精编二十四史第六卷：旧唐书·旧五代史》，巴蜀书社，2012年

徐大成，《贞观之治》，吉林文史出版社，2011年

王觉仁，《血腥的盛唐》，凤凰出版社，2012年

谢薇，《假如这不是唐朝》，重庆出版社，2012年

潘志辉，《图画中国历史15：唐朝的灭亡与唐朝的外交、文化》，哈尔滨出版社，2016年

陆威仪，《哈佛中国史3·世界性的帝国：唐朝》，中信出版社，2016年